中公新書 1664

有賀夏紀著

アメリカの20世紀（上）

1890年～1945年

中央公論新社刊

まえがき

二〇世紀は「アメリカの世紀」だったのだろうか。もしそうだとしたら、二一世紀も、「アメリカの世紀」になるのだろうか。二〇世紀も終わりに近づいたある日、大学で、学生たちとこんな問題について話し合う機会があった。アメリカ史の授業の最終回にまとめとして書いてもらった論文にもとづいての討論である。学生たちにアメリカ史を全体的に捉えることを学んでほしいという教育的配慮のほかに、二一世紀を担うことになる若者たちが世界をどう考えているか知りたいという個人的興味があったことはいうまでもない。

まず、第一の問題について、二〇世紀が「アメリカの世紀」であったということで、みんなの意見は一致した。氾濫するアメリカ製品、アメリカ音楽・映画などの大衆文化、アメリカによる国際政治の支配など、周囲に見られるアメリカ文明・文化の影響力を考えれば、「アメリカの世紀」という表現は当たっているというわけである。しかしこの後、立場は分かれた。大別すると、民主主義、自由といったアメリカの理念や、豊かな生活を表す様々な消費物資をプラスに評価する立場、戦争を引き起こし、地球の環境を破壊してきたとしてリカの世紀」だったとする立場の三つが見られた。多数を占めたのは第三の立場であったが、中国人留学生が第一の立場をとったことを、私は興味深く感じた。第二の「アメリカの世紀」に批判的な議論は、わずかしか聞かれなかったが、広島、長崎への原爆投下、また、環境破壊などがその主な根拠であった。

さて、二一世紀が「アメリカの世紀」になるかという問題については意見が分かれ、まず、なるという意見は「アメリカの世紀」をプラスに評価する意見同様、民主主義や自由の理念、物質的な豊かさ、進取の精神などを挙げていた。このとき注目されたのは多様なアメリカの人口構成が持つ力を重要な要因としていたことであった。ちなみに、先の中国人留学生は、この立場であり、民主主義のような「普遍的」理念が根づいていない中国には世界の主導権を握るのは無理だろうと述べていた。否定的な意見では、人種問題、犯罪、貧困などの社会問題を解決しなければ「アメリカの世紀」は続かないという条件つき否定から、「アメリカの世紀」は終わるという意見があった。後者では、EU（ヨーロッパ連合）の成立を重視しており、EUが二一世紀の世界の主導権を握るだろうと考える者、また、これからの世界の中心はアメリカだけでなく、EU、中国、日本も含めた複数の国ないし地域が中心となって動かしていくとの立場をとる者があった。

以上は大学生の自由な討議であるが、こういった「アメリカの世紀」をめぐる議論は、世紀末に近づいた頃から、新聞などのメディアで多く見られた。アメリカの経済が悪かった一九九〇年代の初頭には、アメリカの力の翳《かげ》りが指摘され、「アメリカの世紀」終末説の広がりが見られたが、その後一〇年近く続いたアメリカ経済の繁栄のなかで、再び、強いアメリカがあらゆるところに顔を出すようになった。そして二〇〇一年九月一一日、ニューヨーク、ワシントンなどを襲った同時多発テロの後、アメリカは世界の国々を率いて対テロ戦争を始めた。また、今日の「グローバル化」を背景に、日本の経済、そして社会の変革までも迫るその力は、戦後占領期における日本社会の革命的変化に匹敵するような変化を日本の社会にもたらそうとしているようにも見える。

では、「アメリカの世紀」とは何だったのか。本書は、二〇世紀のアメリカの歴史を、この問題を念頭に置きながら見ていこうとするものである。アメリカが二〇世紀の超大国として、世界の政治・経済を動かしたことは紛《まぎ》れもない事実であるが、ここでは、アメリカが海外に発展し世界の指導者になるまでの過程よりは、超大国アメリカの社会そのものの発展・変化に眼を向ける。つまり、「アメリカの世紀」をつくり出したアメリカ社会の内容を探るのが目的である。

二〇世紀のアメリカ社会を形成したのは、大統領や企業の経営者や偉大な思想家だけではなかった。政治や経済の主流から離れて生きる外国からの多数の移民やその家族、労働者、黒人、女性、また、中産階級と呼ばれる人口の大多数を占める人々なども歴史を動かしてきた。本書は、こうした多様な人口を抱えたアメリカ社会が、どのように――どのような勢力によって、どのような思想にもとづいて――形成され、変化してきたかを見るのである。先走ることになるが、少し具体的に述べた方がよいだろう。ひと言でいえば、二〇世紀アメリカ社会の基盤が、世紀転換期に興隆した「革新主義《プログレッシヴィズム》」と呼ばれる思想にもとづいて形成され、政治・経済の指導者から移民や黒人などに至る多様な人々によって動かされてきたその過程を明らかにするのが、本書の主旨となる。

まず、序章で本書全体の枠組みを示しておきたい。二〇世紀アメリカ史を総論的に捉えようとするものであり、本書の要約にもなっている。それに続く各論ともいうべき章では、「アメリカの世紀」をもたらしたアメリカ社会一〇〇年の歩みを、当時の人々の証言も取り入れながら、できるだけ具体的に描き出していきたいと思う。

目　次

富豪の生活　ソーシャル・ダーウィニズム　科学技術と企業の結びつき　中産階級の成長と消費文化の興隆　石鹸が象徴するもの　余暇における階級分化　大衆メディアの興隆　労働者の反抗　農民の運動　新しい女性たち　黒人の境遇　ネイティヴィズム　人口の多様化　アメリカの膨張主義　米西戦争　「反帝国主義」と帝国主義　二〇世紀へ

第2章　革新主義の時代
――一九〇〇年代～一九一〇年代

一九〇〇年　一九〇〇年の諸問題　新世紀の大統領　「現代アメリカ」の新しい秩序、革新主義　「現代アメリカ」のシステム　革新主義の担い手とその中産階級的特質　革新主義の多様な展開　革新主義政策の実施　海外発展　革新主義の今日的意味

第3章　大衆消費社会の展開
――一九二〇年代　103
大衆消費社会　自動車のもたらしたもの　繁栄のなかの貧困　「新しい女性」　若者文化とヒーローたち　「新しい黒人」　新しい潮流への反抗　非アメリカ的なものの排除　社会批判と芸術的創造　財界優遇政策の下での繁栄

第4章　「現代アメリカ」の危機
――一九三〇年代　133
大恐慌下の人々の困窮　貧困と差別に苦しむ黒人、メキシコ人　女性と家族　恐慌のなかの豊かさ　救済の要求　恐慌の原因　フーヴァーの政策　フランクリン・ローズヴェルト　最初の一〇〇日間　全国産業復興法（NIRA）　ニューディールへの批判　第二次ニューディー

ル　ローズヴェルト連合　ニューディールの行き詰まり　ブローカー国家とマイノリティ

第5章　アメリカの世紀へ――一九四〇年代前半　173

「アメリカの世紀」　中立政策へ　「民主主義の大兵器廠」へ　真珠湾　国内の繁栄　戦時下の女性と子供　戦時下の黒人　他のマイノリティ　アメリカの勝利　原爆投下

年表　219

索引　234

下巻目次

第6章　冷戦下の「黄金時代」
——一九四〇年代後半〜一九五〇年代
第7章　激動の時代
——一九六〇年代
第8章　保守の時代
——一九七〇年代〜一九八〇年代
第9章　文化戦争の世紀末
——一九九〇年以降
「九月一一日」が示すアメリカ——結びにかえて
二〇世紀のアメリカを知るための本
写真引用一覧
年　表
索　引

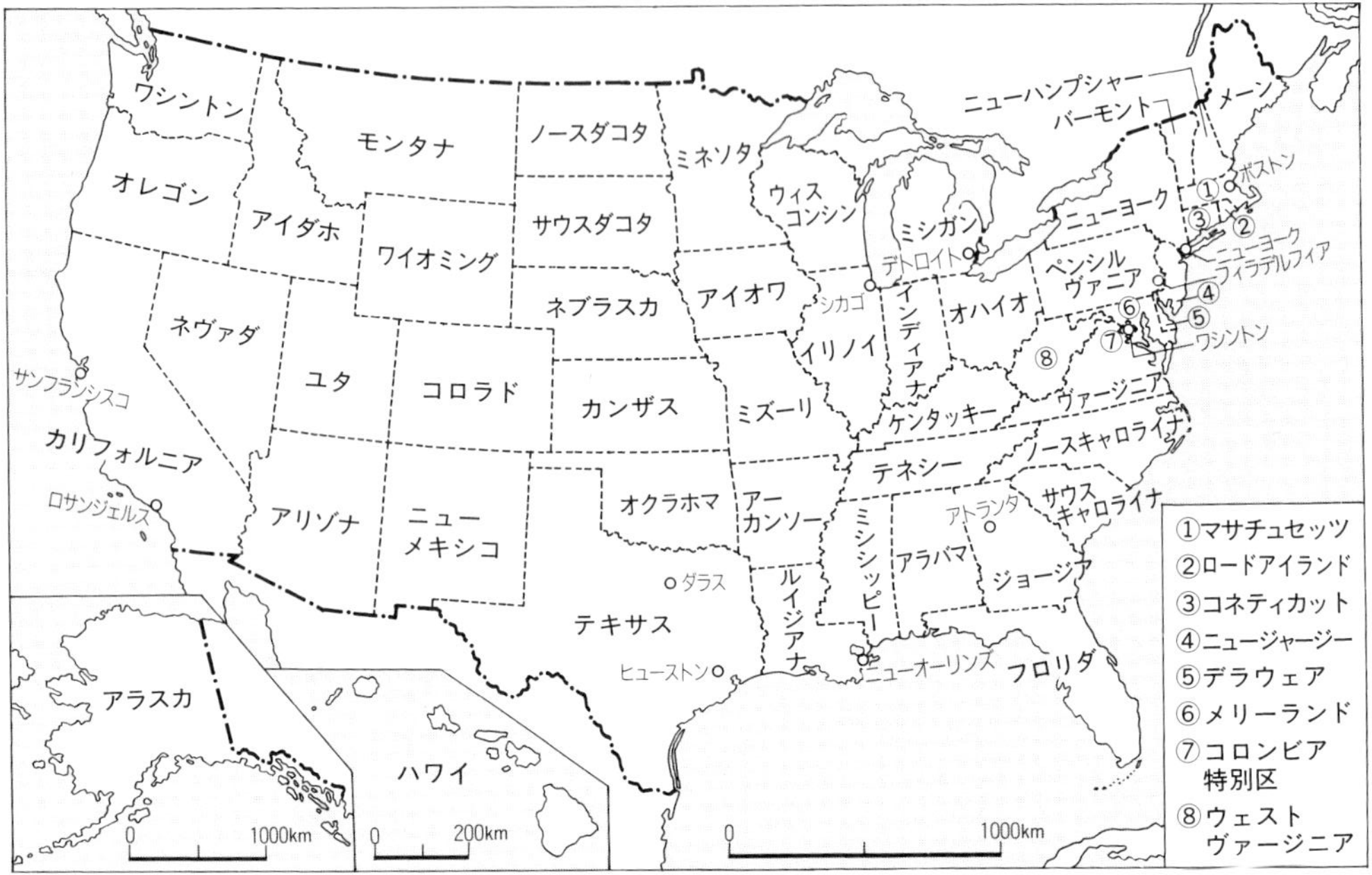
ワシントン
モンタナ
ノースダコタ
ミネソタ
ニューハンプシャー
バーモント
メーン
オレゴン
アイダホ
ワイオミング
サウスダコタ
ウィスコンシン
ミシガン
ニューヨーク
ボストン
ニューヨーク
フィラデルフィア
デトロイト
シカゴ
ペンシルヴァニア
ネブラスカ
アイオワ
インディアナ
オハイオ
ワシントン
ネヴァダ
ユタ
コロラド
カンザス
ミズーリ
イリノイ
ヴァージニア
サンフランシスコ
カリフォルニア
ケンタッキー
ノースキャロライナ
テネシー
ロサンジェルス
アリゾナ
ニューメキシコ
オクラホマ
アーカンソー
ミシシッピー
アラバマ
アトランタ
サウスキャロライナ
ジョージア
ダラス
テキサス
ルイジアナ
ニューオーリンズ
フロリダ
ヒューストン
アラスカ
ハワイ
0
1000km
0
200km
0
1000km
①マサチュセッツ
②ロードアイランド
③コネティカット
④ニュージャージー
⑤デラウェア
⑥メリーランド
⑦コロンビア特別区
⑧ウェストヴァージニア

序章　「アメリカの世紀」

「アメリカ文明」の力

二〇世紀が終わりに近づいた頃から、「アメリカの世紀」という言葉をよく耳にするようになった。その際、よく言及されたのは、『タイム』誌や『ライフ』誌の創設者ヘンリー・ルースが、真珠湾攻撃の一〇か月ほど前に『ライフ』誌に寄せた「アメリカの世紀」と題する論説である。戦火が広がる世界において、ルースは、アメリカが大戦に参加することを呼びかけ、「自由と正義」の発源地としてのアメリカは、世界のリーダーシップを握り人類に貢献すべきであると説いた。そして二〇世紀が「アメリカの世紀」になるという希望的観測を述べた。その後六〇年を経て、ルースが語った「アメリカの世紀」は、現実のものになったかのようである。アメリカが本当に「自由と正義」の発源地であるか、また人類に貢献しているかは別として、今日、唯一の超大国として、その強大な軍事力・経済力を背景に、世界の政治・経済を動かしていることは否定できない。世界のどこかで政変が起これば政治家あるいは軍隊を派遣し、経済が悪化すれば関係諸国に経済政策の変更を促し、人々の生活や文化にも絶大な影響力を及ぼす存在となっている。

ルースが「アメリカの世紀」において強調したのは、特に「自由」、「民主主義」の理念と豊かな消費生活とが一体となった「アメリカ文明」の世界への拡大だった。「アメリカ文明」の力は、ソ連崩壊に関してよく指摘されてきた。それまでの冷戦下においてふたつの超大国の一方だったソ連は、軍事的政治的には大国だったが文明を築くことができなかった、その証拠に独自の文明の遺産を残すこともなく消滅したではないかというのである。アメリカ史家のオリヴィエ・ザンツは、さらにこの論を進めて、「アメリカの世紀」、すなわち「パックス・アメリカーナ」の名で呼ばれるアメリカの世界支配は何よりもその「文明」によるものであるとしている。このことは、マクドナルドやコカコーラ、ロックやポピュラー音楽、映画、野球、ジーンズやTシャツ、スーパーマーケット、さらに「自由」とか「民主主義」の考え、アメリカ英語などが世界中を席捲《せっけん》しているさまを見ても明白である。アメリカ文明が、大戦前および大戦中の日本やドイツ、冷戦下のソ連や東欧諸国など、アメリカの政治的軍事的支配が及ばないところでも、密かに影響力を持ち続けていたことを、私たちは聞いている。

また、アメリカの政治的軍事的支配は常に文明をともなってきた。占領下の日本に関していえば、ジャズ、チューインガムから政治・法律制度に至るまで、アメリカ文明が浸透していった。このように、私たちは二〇世紀の世界において、ルースが主張したような「アメリカ文明」の広がり、すなわち「アメリカの世紀」を見るのである。

「現代アメリカ」の誕生

「アメリカの世紀」をもたらした「アメリカ文明」とは二〇世紀アメリカ文明、すなわち一世紀前に成立し発展してきた「現代アメリカ」の文明のことである。それでは、この「現代アメリカ」とはどのような内容を持ち、どのようにして形成され発展してきたのだろうか。そして今日、先端科学技術のめまぐるしい発達による世界の変化に、あるいは、アメリカの人口構成の多様化を急速に推し進めている最近の世界の人口移動に、「現代アメリカ」はどのように対応しているのだろうか。二〇世紀の世界を動かしてきた「現代アメリカ」の性格を探ることとは、二〇世紀のアメリカ史を知るというだけでなく、二一世紀の世界を考えるうえでも欠かせないだろう。本書は、その「現代アメリカ」の成立から発展、今日の状況に至るまでの過程を跡づける。

「現代アメリカ」は、一九世紀末から二〇世紀初めにかけて形成された新しいアメリカであった。一〇〇年前、アメリカ社会は大きな変動に見舞われていた。科学技術の革新に裏づけられた急速な工業化、それにともなう都市人口の増大、移民の大量流入は、一九世紀までのアメリカ社会の様相を一変させた。大企業が経済の主導権を握り、新たな経済発展のなかで大富豪が生まれる一方、都市には雑多な移民が群がり、貧困や犯罪が蔓延《まんえん》し、また、資本家に抵抗する農民や労働者の運動も各地に頻発していた。こうした状況のなかで、アメリカは崩壊してしまうのではないかとの不安も広がった。ある鉄道労働者は、アメリカに存在するのは「数少ない大金持ちと多くの極貧民であり」、アメリカは「滅亡前のスパルタ、マケドニア、アテネ、ローマの社会の状態へと押し流されている」と述べている。また、歴史家ヘンリー・アダムズは、「この社会は、このままのスピードと勢いで動くと、五〇年もしないうちに滅んでしまうにちがいない」と慨嘆し、多くの知識人がそうした危機感を共有した。このような急激な社会変化に対する不安のなかから生まれたのが「現代アメリカ」だったのである。

「現代アメリカ」の基盤にあったのは、社会変革に対応して出てきた「革新主義」の思想、企業主導の下での経済発展、国家を構成する多様な人口であった。革新主義は、企業や政府をはじめとした社会の組織化の推進力となり、新しい経済発展は「アメリカ的生活様式」に代表される大衆消費文化をもたらし、これらは異なる人種・民族、階級、性、地域からなる国民を巻き込んで成立していた。

社会の組織化と大衆消費文化

「革新主義」とは、科学的合理的な方法によれば社会の問題を解決し正義が実現できるという、科学万能ともいえる考え方である。そこには、不安のなかにも人間の理性の能力を信じる楽観的態度が見られ、その意味で、革新主義は啓蒙主義の落とし子ともいえた。革新主義は世紀末のアメリカ社会の混乱状態に、「アメリカの正義」にもとづく秩序をもたらそうとし、社会の組織化を図った。その際、科学的専門的知識を活用することが、「正義」への道、すなわち建国以来の「自由」と「民主主義」の理念の擁護に通じると考えられた。そして、革新主義によれば、工業化・都市化がもたらした弊害――貧困、薬害、自然破壊――に対する改革や女性参政権のような平等権を求める改革も、科学的専門的計算にもとづいて行うのが正しいとされた。こうした革新主義の考えの下に、政府や企業家は、無秩序の市場競争に一定の秩序と安定性をもたらすために、政府による国民経済介入の政策を推し進めていった。また、企業は、生産・経営の効率を向上させるための組織化を行い、政府も、専門的能率的な行政を行うために機構を整備した。

激しい競争のなかで利益を上げるために、企業は合理的な組織化による経営の効率化を図る一方、安価な製品を大量に生産し、その消費を国民に促した。一八九〇年代には、実際、実質的な物価の下降が見られたのである。このために多くの国民が消費文化を享受するようになっていった。二〇世紀初めには、衣服、石鹸《せっけん》、飲料、食品などの生活必需品に加え、電気器具や家具などに至るまで、あらゆる製品を大衆が購入するようになり、さらに余暇の過ごし方までもが商品化され映画鑑賞や野球などのスポーツ観戦が広まった。産業化の下で経済的時間的に余裕のある中産階級が成長し、労働者階級も、労働時間の短縮、わずかにせよ実質賃金の上昇などによってゆとりができたのである。こうした消費文化は、「アメリカ的生活様式」として「現代アメリカ」文明を特徴づけることになる。こうした二〇世紀の消費文化を代表するのはなんといっても、自動車フォード・モデルTであろう。ヘンリー・フォードの流れ作業方式によって大量に生産された自動車は、安価で大衆にも手の届くものとなったのである。自動車はアメリカ人の生活ばかりか、アメリカの景観をも変え、「アメリカ文明」の象徴ともなっていった。そして「アメリカ的生活様式」を享受することは、アメリカ人であることのひとつの証《あかし》としても捉えられた。

組織化された社会と大衆消費文化によって性格づけられる「現代アメリカ」は、多様な民族・人種、階級、性などの集団によって構成されていた。アメリカ社会はもともと植民地時代から様々な民族・人種集団を抱えていたが、一九世紀末には、さらに新しく、民族的・人種的にそれまでの北西部ヨーロッパ出身者とは異質のイタリア、ロシア、ポーランド、あるいは中国などからの移民を多く含み、いっそう多様化していた。これに加えて、産業発展の下で、労働者、資本家、新たな中産階級など利益や文化を異にする集団も成長していた。また、人口の半分を占める女性、植民地時代の初めあるいはそれ以前から住んでいた黒人や先住民のインディアンなども、独自の文化を維持しながらそれぞれの集団を形成していた。これらの諸集団は、相互に対立・支配関係に置かれ、「現代アメリカ」の経済・政治の組織に全てが平等に参加していたわけではなく、アメリカの統合を難しくする要因となっていた。

しかし、「現代アメリカ」には彼らをおのずからひとつに結びつける要素があった。それは、消費文化、すなわち「アメリカ的生活様式」である。資本家も中産階級も労働者も、移民も非白人も女性も、消費文化を受け容れ、「アメリカ的生活様式」を追求した。「自由」と「民主主義」の理念が、アメリカ社会の上から多様な国民を統合するものであったのに対し、消費文化、すなわち「アメリカ的生活様式」は、下から、すなわち国民の生活的欲求のなかから自発的に統合へと向かわせる役割を果たしていたといえるだろう。たとえ、消費文化が利潤追求を目的とする企業によってつくられたものであり、また、その内容が消費文化を最もよく享受した中産階級によってつくられていたにせよ、国民のあらゆる層がこれを生活のなかに受け容れていったのである。

こうした「革新主義」の理念、経済発展、多様な人口構成によって形成された「現代アメリカ」文明は国外に広がり、「アメリカの世紀」を築くことになった。二〇世紀の前半を「現代アメリカ」の確立期と見れば、後半は「現代アメリカ」の国外への発展期、つまり「パックス・アメリカーナ」の時代、あるいは「アメリカの世紀」の確立期ということができるだろう。

「現代アメリカ」の動揺

しかし、その「現代アメリカ」も、二〇世紀から二一世紀への転換期に、揺れ動き始めた。ひとつには、コンピューターや遺伝子技術に代表される先端科学技術の驚異的な発達があるだろう。これらは、一〇〇年前の科学技術革命同様、アメリカ国民の生活の全般にわたって影響を及ぼし、さらに経済のグローバル化を推し進めており、一〇〇年前につくられた「現代アメリカ」の社会・経済組織は、後に述べるように再編成されようとしている。

より重要なのは、「現代アメリカ」が拠って立つアメリカの「正義」が、近年、必ずしも安泰ではなくなってきたことである。一九六〇年代の人種差別と戦う公民権運動やベトナム反戦運動はアメリカの「正義」を支える「自由」と「民主主義」の理念に対する疑問を引き起こし、さらに、八〇年代以降の多文化主義はアメリカ的価値を相対化させた。多文化主義とは、アメリカ国民をより包括的に捉える考え方、すなわち、WASP《ワスプ》（白人・アングロサクソン・プロテスタント）の中産階級の男性だけでなく、白人労働者の男性、黒人、東欧・南欧出身のエスニック・マイノリティやアジア系のマイノリティ、インディアン、さらに女性もアメリカ社会の平等な構成員であるとする考え方といえるが、「現代アメリカ」はこの多文化主義によって挑戦を受けているのである。今日のアメリカにおけるような大量の移民流入による人口の多様化の進行は、一〇〇年前にも見られたことである。一〇〇年前は、移民たちに「伝統的な」アメリカ的価値観・生活様式への一律の同化を強いたのに対し、今日では、各移民・民族・人種集団の相異なる文化を尊重する傾向が強いが、そこには、「伝統的」アメリカ的価値を相対化する多文化主義の影響があるだろう。

ここで、「現代アメリカ」に変革を迫る科学技術の進歩や多文化主義は、最近になって突如として現れたわけではないことを指摘したい。それらは「現代アメリカ」の原型およびその発展の過程のなかから必然的に生まれてきたものなのである。近年の先端科学技術革新は、一世紀前に「現代アメリカ」をつくり出したと同じ科学的合理的精神によって推進されてきた。また、多文化主義は、「自由」と「民主主義」をより徹底的に追求するものともいえる。ヘンリー・ルースの「アメリカの世紀」はアメリカの「自由と正義」に基礎を置くものであり、このことから「アメリカの世紀」自体が批判の対象になっても、不思議ではなかった。

なぜなら、「自由と正義」は、常に「自由でなく正義でないこと」に対して警戒心を怠らない批判精神をともなわなければ意味がないからである。多文化主義も、「自由と正義」の立場に立ったアメリカの「自由」と「民主主義」に対する批判から出てきたものといえるだろう。「アメリカの世紀」のなかに植え込まれた「自由と正義」の種は、この一〇〇年の社会変化のなかで成長し、自らをも批判的に見るようになったのである。

　これから見ていくのは、そのような自己変革の要素も内包した「現代アメリカ」の軌跡である。二一世紀に入った現在、アメリカ社会は、先端科学技術の驚異的発達、移民の大量流入などにより、大きな変化を強いられている。この二〇年余り、人種間対立、ホームレス、貧困、犯罪などの問題はますます顕著に見られるようになり、また、国民の代表であるはずの大統領は性的スキャンダルで弾劾裁判を受け世界に恥をさらし、アメリカ社会は世紀末の様相を呈しているとの危機感を示す人々もいた。一世紀前も、科学技術革新をともなった経済発展、急激な都市化、大量移民の流入により社会的大変動が起こり、今日の社会問題を彷《ほう》彿《ふつ》させる貧困、犯罪などが都市に蔓延し、あるいは労働運動などが頻発し、多くの人々が危機感を抱いた。このとき、アメリカは建国以来の「自由」と「民主主義」の理念の擁護のためにと、革新主義という解答を出し、新しい経済発展に対応する新しいアメリカ、すなわち「現代アメリカ」を築き上げたのである。今、変動期にあるアメリカはどのような解答を出すのだろうか。二一世紀の「革新主義」は出てくるのだろうか。新しいアメリカは生み出されるのだろうか。その際、建国以来の理念である「自由」と「民主主義」はどのような意味を持つのだろうか。歴史家E・H・カーが述べたように、歴史が現在から過去への問いかけだとすると、こういった現在から未来への問いかけは、歴史と逆行するものである。もちろん、未来への問いかけに答えることは、二〇世紀のアメリカの歴史を語る本書の仕事ではない。しかし、一九世紀末と二〇世紀末のアメリカの類似性——たまたまではあるかもしれないが——を見るとき、このような疑問を持つことも許されるだろう。

第1章　二〇世紀前夜のアメリカ——一八九〇年代

「コントラストの地」アメリカ

アメリカの都市で、ホームレスから小銭をねだられた経験を持つ人は多いだろう。ぼろを身にまとい、通りや公園に寝て、ゴミ箱からかき集めた身の回り品をスーパーマーケットのショッピング・カートに積んで移動する、住む家のない人々、つまりホームレスの姿は、一九八〇年代頃からアメリカの都市のおなじみの光景になっている。国全体としては経済的な好況にある九〇年代においても、物乞いをするホームレスは消えることがなかった。豊かな国アメリカの貧困である。また、私たちはアメリカに行くとき、街にはかっぱらいや強盗がいるから、できるだけ質素な身なりをし、ぼんやりと歩かないように、特に夜は外出しないようにとの注意をよく受ける。他方、アメリカの大都市の郊外を訪れると、数限りない邸宅――邸宅群といった方が適切であろう――が、アメリカの豊かさを見せつけるかのごとく立ち並んでいる。日本にいても、一代で世界一の富豪となったビル・ゲイツのような途方もないアメリカの富の話を聞くことが多い。要するに、今日のアメリカ社会を見て実感させられるのは、極端な貧富の差であり、「コントラストの地」アメリカである。

一九世紀末のアメリカでも、外国人の旅行者、また、アメリカ人自身によって、同じようなことが観察されている。一八九八年に出版された、イギリス人ジェームズ・ミュアヘッドによるアメリカ旅行のガイドブックは、『コントラストの地』という題名がつけられていた。

フロンティアの荒野と近代文明の対比は、アメリカ特有の「コントラスト」として外国人の目を引いたが、ミュアヘッドはこのガイドブックにおいて、アメリカは「常に約束の地であるが、それが常に果たされる地ではない」と述べ、貧困と富といった社会の矛盾も「合衆国が『コントラストの地』として際立っている」点として示していた。当時のアメリカ人自身にとっては、むしろ後者の貧富のコントラストの方が重要だった。そしてそのコントラストを最も強烈に現していたのは急激に拡大しつつある都市だった。

都市のスラム

豊かな生活が約束されるという地にやって来たはずの移民が行き着いたのは、希望のフロンティアではなく、スラム街のじめじめした狭いアパートであり、多くの場合、いくら働いてもそこから脱出することはできなかった。「(死にそうな小さな少女は)『栄養失調』と医者は言ったが、実はこの場所にふさわしく、飢えていたのである。父親の手は鉛中毒で曲がっていた。一年も仕事がないのだ。母親と兄弟のひとりは、目の伝染病をあまりに長く放置していたために、ほとんど盲目になっていた。子供たちが空腹で泣き出した。昼近くというのに、朝食も食べていないのだ」と、当時、ジェイコブ・リースが書いている。リースはニューヨークのスラム街の貧民の生活を調査し、写真に撮り、『他の半分の人々はどのように生

図1　スラムの子供たち

きているのか』と題する本を一八九〇年に出版した有名なジャーナリストである。リースが「この場所」と言っているのは、移民たちが密集するテネメント（安アパート）のことである。なかは、歩けば「一セント硬貨を投げて遊んでいる子供につまずくかもしれない」ほど暗かった。リースは、様々なテネメントの惨状を書いたが、特に彼が訪れたドイツ移民の次の話は衝撃的である。夫婦、年とった祖母、六人の子供の九人家族が、居間と寝室と食堂を兼ねた三メートル四方の部屋と、入り口にあるそれより狭い台所からなるアパートに住んでいたのであるが、一か月七ドル半という家賃は働き者の夫の一週間分の給料より高かった。リースが訪ねたその日、「（失望した）母親は窓から身を投げて死に、通りから運び上げられた」ところだった。イギリスの小説家チャールズ・ディケンズも、ニューヨークのマンハッタン南部の地区を訪れたとき、「胸がむかつくような、気がめいるような、腐敗したもの全てがここにある」と述べ、「アイルランド人や黒人は家具も何もない家に住み、ときには何週間も屋外に暮らし」、「自然の排泄は隅で行い、死体は地下の泥の床下に埋めていた」と伝えている。

悲惨なテネメントの暮らしは他の都市でも同様だった。シカゴでは、一八八九年、ジェーン・アダムズがスラム街にハルハウスの名で呼ばれるセツルメント（貧民の生活向上のために職業訓練や教育、文化活動を行う施設で、運動家たちの住居も兼ねていた）を開設したが、そのことをまとめた著作『ハルハウスの二〇年』（一九〇九）のなかで、貧しいテネメントの住民の様子を描き出している。「私たちが最初に出会った三人の手足の不自由な子供たちは、みんな、母親が仕事に出た留守に怪我をしたためにそうなっていた。ひとりは三階の窓から落ち、もうひとりはやけどをし、三人目は三年間も、兄が工場から昼食を食べさせに帰る以外は、一日中台所のテーブルの脚にくくりつけられていたために、脊柱《せきちゅう》が曲がってしまっていた」

テネメントの住民はほとんどが移民かその子供たちだった。「イタリア、ドイツ、フランス、アフリカ、スペイン、ボヘミア、ロシア、スカンジナヴィア、ユダヤ、中国の居住地」があり、「アラブ人」さえワシントン通りの下の端を占拠しているが、「このアメリカの主要都市に、明確にアメリカ人のコミュニティ」といえるものは見当たらない、「全く存在しないのだ。テネメントのなかには（アメリカ人は）全くいない」と、リースは書いている。一九〇〇年に三五〇万人近くあったニューヨークの人口の八〇パーセントを、移民の一、二世が占めていた。また、人口一七〇万のシカゴでは、その割合は八七パーセントだった。ジェーン・アダムズはシカゴのハルハウス周辺にコミュニティをつくって住んでいたイタリア人、ドイツ人、ポーランド人、ユダヤ系ロシア人、ボヘミア人、フランス系カナダ人、アイルランド人などのことを書いている。ちなみに、同じ年、ロンドンでは、住民の九四パーセントがイギリス人だった。

富豪の生活

都市には、「億万長者通り」もあった。ニューヨーク五番街のスラムからさして遠くないところに、フランスの宮殿をまねた大邸宅が立ち並んでいた。邸宅の入り口はギリシャ風の巨大な大理石の柱で支え、内部の壁面はフランスの城から持ち出してきたという彫刻入りのくるみ材で飾ったり、絵画を織り込んだタピストリーで覆《おお》ったり、五、六〇ある部屋は鬘《かつら》をつけた召使いたちが取り仕切るといったことも、ここでは普通だった。これらの「城」は、銅山王、鉄道王、銀行王など新興成金が、一九世紀後半の新しい経済発展のなかで獲得した富を顕示するものでもあった。彼らは、燃やすほどの金があるといわれたが、それは単なる比喩ではなかった。ニューヨークのある晩餐会で、夕食後、客に一〇〇ドル紙幣にくるんだタバコが配られたという。

　金遣いの荒さが最も目立ったのは、一八九七年にブラッドレー・マーティンが催した仮装舞踏会だろう。マーティン夫妻は毎年冬をニューヨークで過ごし盛大なパーティを開いていたが、その年の「ブラッドレー・マーティン舞踏会」は特に問題になった。ブラッドレーの弟は次のように書いている。「それはニューヨークにヴェルサイユ宮殿の華麗さを再現したものだった。太陽王（ルイ一四世）さえ、あれほどきらびやかな光景を見たかどうかわからない。ウォルドルフ＝アストリア・ホテルの内装はヴェルサイユ宮殿のようにつくり替えられた。珍しいタピストリー、美しい花、無数の電球が、豪華なイヴニングドレスやそれを着る女性たちを効果的に映し出す背景となった。この前にも後にも、こんなに多くの宝石が展示されたことはないのではないか。男がつけていたダイヤモンドのボタンは、多くの場合、何千ドルもするものだった」

図2　1900年頃のニューヨーク5番街　大富豪ヴァンダービルト一族の屋敷が立ち並ぶ

一六世紀のスコットランド女王メアリー・ステュアートに扮したブラッドレー夫人は、金糸で刺繡《ししゅう》され、真珠や宝石で飾られたイヴニングドレスを着て、かつてマリー・アントワネットの持ち物だった大きなルビーのネックレスをつけていた。ホテルの改装には三六万九〇〇〇ドルをかけたといわれるが、一八九〇年代、労働者の年収が、多い方で五〇〇ドルだったことを考えると、その額の大きさがよくわかる。当時合衆国は、一八七三年以来深刻な不況に見舞われており、失業者も多かった。そのようななかで、マーティン夫妻の行為は世間の顰蹙《ひんしゅく》を買い、多数の脅迫状も舞い込み、そのうえ、市からは固定資産税の額を引き上げられる始末だった。マーティン夫妻は、舞踏会は一種の福祉であり、コックや洋裁師や花屋などの商売を繁盛させると反論したが、結局、非難を避けてニューヨークの家を売りロンドンへと逃れることになった。

ソーシャル・ダーウィニズム

目を覆うばかりのスラムの悲惨さとまばゆいばかりの大富豪の生活との差は、当時は当然のこととして考えられることが多かった。貧乏は能力がなく、また努力をしなかった当然の報いであり、金持ちは努力して自分の持てる能力を発揮したからそうなったのだと、今日でもよくいう。実際には、それ以外に、ときにはそれ以上に、社会的家庭的な生まれ育った環境、アメリカだったら人種などが、成功と不成功の要因として重視されるだろう。

　しかし、一九世紀後半のアメリカ社会では、貧富の差を「科学的」に正当化する議論が広がり、一般に受け容れられていたのである。そうした「科学的」な議論はソーシャル・ダーウィニズムと呼ばれるものだった。ひと言でいえば、チャールズ・ダーウィンが自然界の法則として打ち立てた進化論を人間の社会に適用したものであるが、この考えに従えば、政府が貧困者を救済することは無能な者に不当な利益を与えることになり、社会の進歩を遅らせることになるから、政府は何もしない自由放任政策をとるのがよいということになる。ソーシャル・ダーウィニズムは一九世紀末のアメリカ人の心理にしっかりと根を下ろし、それは現在まで底流として存在し、福祉予算を極力削り国民の自助努力を重視する「小さな政府」主唱者の言葉などにときどき浮上してくる。「政府は問題の解決策ではない。政府の存在自体が問題なのだ」という一九八〇年代のレーガン大統領の発言なども典型的な例である。また、今アメリカ発で世界中に広がっている市場競争原理優先の風潮は、一九世紀のソーシャル・ダーウィニズムの復活、そしてそのグローバル化ということもできるだろう。

　ソーシャル・ダーウィニズムは、イギリスの思想家ハーバート・スペンサーが打ち立てた理論であり、彼は、ダーウィンが『種の起源』（一八五九）を出版する七年前に、人間の文明も、弱い動物を絶滅させてきた自然の力と同じ力が働いて、進歩を邪魔するものは排除しながら進化してきたとの考えを発表していた。そして、ダーウィンが進化論を発表したときにはこれを歓迎し、自然界の進化の原則である「自然淘汰《とうた》」を「適者生存」の言葉で置き換えたのだった。ダーウィン自身は自分の理論を社会に適用する意図は全くなかったが、進化論は「ソーシャル・ダーウィニズム」として広がっていった。

このソーシャル・ダーウィニズムは、イギリスよりもアメリカで熱心に受け止められた。世界最大の鉄鋼会社を築いたアンドルー・カーネギーは勝者の最たる例であったが、一八八二年、イギリス滞在中に、スペンサーが訪米することを聞き、故郷のスコットランドへの旅行を急遽《きゅうきょ》とりやめ、スペンサーと同じ船でアメリカへの帰路についたという。カーネギーはスペンサーの本を読み、「光」を見たと言っている。すなわち、人間の社会もダーウィンが動物界について明らかにした進化の法則と同じ法則が支配しているということに、自分のそれまでの行為を正当化する「光」を見たというのである。そして八九年には、「富」と題する評論を書き、不平等、少数者への事業の集中、競争の原則は「有益であるだけでなく、人類の未来の進歩のために不可欠である」と述べた。また同時に、能力により財をなした企業家の社会的責任も説いた。カーネギーが巨額な自分の財産を社会事業に使い子孫には残さなかったことは有名な話であるが、この「富」の文章は、冷酷な資本家であると同時に偉大な社会事業家でもあったカーネギーが、自分自身の行為を説明したものであり、後に「富の福音」として有名になった。

スペンサーがアメリカを訪れた頃、ドイツでは社会保障の制度を取り入れ、イギリスは労働時間の短縮や貧民救済を行い、さらに所得税を導入するなど、経済への政府の介入が始まっていた。スペンサーの説は、自国におけるこのような動きを恐れるアメリカの実業界にとって大歓迎だった。ジョン・D・ロックフェラーは、石油業界において弱小企業を吸収合併しながら巨大独占企業スタンダード石油を設立し、そのやり方に対して非難を浴びていたが、独占は「事業における悪い傾向ではない。自然と神の法則のなす業《わざ》にすぎない」として、自分の成功が進化論によって正当化されることを喜んだ。アメリカでソーシャル・ダーウィニズムを広めたのはイェール大学の社会学者ウィリアム・グレアム・サムナーだった。サムナーの説はスペンサーよりさらに強力に、アメリカの実業家たちの行動を擁護するものだった。富の独占は決して悪いことではなく、産業界の指導者は才能と勇気と不屈の精神を備えており、金持ちになるのは彼らの社会に対する義務であると論じた。サムナーの考えは、知識人や学界から大きな支持を受け、教会の説教や大学の講義、雑誌の論文などで広められた。ソーシャル・ダーウィニズムは、個人の努力による立身出世を説いたベンジャミン・フランクリンに見られるような、アメリカの伝統的な個人主義精神に沿うものだったことも、それが生まれたイギリスではなく、むしろアメリカで受け容れられたことの理由であろう。同じ頃、ホレーショー・アルジャーが書いた靴磨きの少年が努力と忍耐によって出世する『ぼろをまとったディック』(一八六七)の物語も個人主義的価値観を強調しており、二〇〇〇万部も売れ人気を博していた。サムナーの大衆版がアルジャーだったといえる。

科学技術と企業の結びつき

急激な経済発展の下で「適者生存」を地《じ》で行ったのは新興の実業家たちだった。前述のジョン・D・ロックフェラーやアンドルー・カーネギー、ニューヨーク五番街の邸宅や贅沢な暮らしぶりでも名高い鉄道王コーネリアス・ヴァンダービルトなど、一代で事業に成功し巨額の富を築いていった者は数多い。そのなかで注目したいのは、発明王トマス・エディソンと電話のアレグザンダー・グレアム・ベル、ミシンのアイザック・シンガーなどの発明家である。彼らは、この時代の特徴である経済発展と科学技術革新との密接な関係を象徴していた。彼らの発明ないし改良が二〇世紀の人々の生活に革命を起こしたことも重要であるが、その発明の意義は、それが製品として市場に送り出されたところにあった。今日、マイクロソフトのビル・ゲイツが、科学者や技術者の頭脳を結集して次々に新製品を開発し、世界のコンピューター業界をほぼ独占し、巨大な利益を上げている。こうした高度な先端技術にもとづく企業は一〇〇年前に興隆したのである。

エディソンは電灯や蓄音機、映画、その他数々の電気器具の発明家であると同時に、事業家としての能力に優れ、今日の世界的総合電機企業ジェネラル・エレクトリックを創立したのだった。一八七六年、ニュージャージー州メンローパークの簡素な木造の建物に発明仲間とともに移り、「小さな発明は一〇日ごとに、大きな発明は六か月ごとに」生み出すことを目標に研究を行った。メンローパークの実験所は、頭脳と技術を材料に発明を生産して市場に出す、まさに発明工場となった。エディソンの発明は、製品化されて富を生み出すことに意味があったのである。

ベルは一八七六年に電話を発明し、アメリカの電話・通信関連の巨大企業であるA T & Tの創立者となったが、初めて電話をかけたときのことを、この年の三月一〇日の研究日誌に書き残している。「私は送話器に向かって、『ワトソンさん、ここに来てください。あなたに会いたいです』と叫んだ。嬉しいことに、彼はやって来て、私の言ったことが聞こえ理解できたと言った」。日誌の端々からベルの興奮が伝わってくる。その後、ベルたちは場所を変えて実験し、今度は反対にワトソンが本のなかから一節を読んでベルが聞いてみた。「声は大きい感じだったが、はっきりせず、こもっていた。文を前もってワトソン氏からもらって、読んでおいたら、一語一句聞き取れただろうが。……最後に、『ベルさん、私の言うことがわかりますか。わ、た、し、の、い、う、こ、と、が、わ、か、り、ま、す、か』という言葉が、とても明瞭に入ってきた」。この後、電話は実用化され、一九〇〇年には全米の保有台数は八〇万に達した。

中産階級の成長と消費文化の興隆

一九世紀末には、大富豪とスラムの住民との間の中間の層、いわゆる中産階級も大きく成長していた。中産階級は、主として、商店や工場の経営者、弁護士や医者などの専門職の従事者、公務員、また、一九世紀後半における企業の経営組織の拡大によって増加した会社員など、いわゆるホワイトカラーの仕事に就いて比較的高給を得ている者たちから構成されていた。こうした人々は、悪臭を放つ息苦しい都市から出て、郊外に移り住んだ。工業化の下で建築の材料や道具などが入手しやすくなり、また、皮肉なことにスラムの住民が提供する低賃金労働によって、建設費が安くなり、ある程度の安定した収入があれば家を建てることも可能になったのである。彼らは、「澄み切った空気、平和、静けさ、自然の景観」が満喫でき、しかも地価のより低い都市の郊外に、広々とした家を建てて住んだ。都市で働く中産階級の郊外居住を可能にしたのは、新しい科学技術を応用した交通機関の発達である。駅馬車に始まり、路面電車、高架鉄道、地下鉄などを使って、郊外の住民は都市の仕事場へと通勤するようになった。郊外は広がり、路面電車に沿って閑静な住宅街が並ぶ「路面電車《ストリートカー》・

郊外《サバーブズ》」が各地に発展していった。最も早期にこの「路面電車郊外」が出現したのはボストンであるが、そこには、中産階級上層の富裕な人々が住み、また、ニューヨークでも、マンハッタン島の北の地区の郊外ハーレム（現在は黒人のスラムとなっている）から路面電車で住民が通勤するようになった。

郊外に住む中産階級は、ほとんどが、何世代も前からの西欧系アメリカ人であるか、イギリスからの移民であった。新しい時代の急激な工業化・都市化の下での貧困や犯罪、新興成金の浪費、南欧・東欧出身の移民が持ち込んだ文化や習慣、労働者のストライキなどは、彼らにとって「古き良きアメリカ」を破壊するものと考えられた。伝統的アメリカの擁護者をもって任じる彼らは、自分たち独自の「中産階級的な」価値観やマナー、消費行動にもとづいた生活様式をつくり出し、移民や労働者などとは一線を画していった。そして、産業資本家たちは、工業製品の需要を増やし利益を上げるために、広告によってこうした中産階級の購買意欲を煽《あお》りながら彼らの消費行動を操作し、生活様式の形成に大きな役割を果たしていった。

石鹸が象徴するもの

当時出現した工業製品のなかから、石鹸を取り上げてみよう。中産階級的価値観を代表する清潔感、広告産業の興隆、消費生活の変化、およびそれら相互の関係を象徴的に示していたのが石鹸である。一八七九年、プロクター・アンド・ギャンブル社（今日の我が国でも洗剤や歯磨きなどのテレビCMを盛んに流しているP&G社）が偶然に水に浮かぶ石鹸をつくり、それを「アイボリー」と名づけて売り出した。その宣伝文句「それは浮かびます！」は、その石鹸とともに、またたく間にアメリカ人の間に広がった。一九世紀末には、購読者数を飛躍的に拡大した新聞・雑誌などが宣伝に大きな紙面を割くようになり、二〇世紀のより大規模な広告産業に道を開いていった。さらに、二〇世紀になってラジオ放送が始まると、石鹸会社は、昼間のメロドラマのスポンサーとなり、盛んにコマーシャルを流すようになる。これは、今日のテレビでも続けられており、アメリカでメロドラマのことを「ソープオペラ」と呼ぶのはそのためである。

清潔さの観念を中産階級が自らのアイデンティティのなかの重要な要素として取り込んだのは、一九世紀の終わりだといわれている（それまでアメリカ人は風呂に入らなかった！）。清潔さを重視するようになった背景にはむろん公衆衛生に関する知識の発達もあったが、国民の間に清潔感を広めることにより、衛生関連商品の消費を拡大しよう——あるいはつくり出そう——とした企業の意図、それを伝える広告産業の役割を無視することはできない。歯磨きの習慣の普及も先のP&G社やコルゲート社の宣伝によるところが大きかった。そして歯を磨くことが中産階級であることの証であるかのごとく、奨励されたりもしたのである。たとえば、南北戦争後から二〇世紀初めにかけて黒人たちに自助による地位の向上を説いた黒人指導者ブッカー・T・ワシントンは、黒人たちに歯磨きを勧めたが、これなどは、彼が清潔さを黒人の地位向上、すなわち白人中産階級への接近の条件と考えていたことを示している。

石鹼の商品化は、家庭の主婦が生産者から消費者に変化したことを示していた。以前は、石鹼をつくることは、野菜や果物の瓶詰め、肉の燻製《くんせい》、衣服、ろうそくなどの生活用品をつくるのと同様に家庭での主婦の仕事だったが、これらは工場で生産されるようになり、ろうそくは電気に取って代わられ、主婦はこれらの商品の消費者となったのである。石鹼ばかりでなく、既製服も生活用品の商品化のなかで重要な意味を持っていた。衣服の大量生産は、一定の型の衣服を、値段の高低による品質の差はあれ、全ての人々がその経済力に応じて購入することを可能にした。経済的に余裕のある中産階級の女性たちは、雑誌などの広告で知った流行の服が簡単に手に入るようになり、また労働者階級の若い女性たちは、親に渡すはずの賃金を流行の服に使い貴婦人を装ったりもした。一九世紀末には大規模なデパートの興隆が見られ、そこでは様々な商品が大量に陳列され消費を促したが、なかでも流行のスタイルに乗った既製服は重要な位置を占めた。デパートのターゲットは時間的金銭的余裕のある中産階級の女性であり、また店員もそれらの女性に応対するために女性が雇われた。今日、女性は消費生活を支え、消費の場デパートは女性の世界となっているが、この現象は一九世紀末に出てきたものだった。

余暇における階級分化

中産階級は余暇の過ごし方でも、自分たちを労働者階級や移民たちとは区別しようとした。南北戦争前には、演劇や音楽は、古典的なものも大衆的なものも区別なく、同じ劇場で多様な階級の観客が同時に楽しんでいたが、一九世紀後半になると、富裕な中産階級は「芸術」としての演劇や音楽を「上品な」マナーで静かに鑑賞することを求め始めた。かつては聴衆が踊ったり食事をしたり話をしたりしながら楽しんだ音楽は、静寂な雰囲気のなかで集中して聴くものとなった。そうした「高尚な」芸術を演じるにふさわしい壮大なコンサートホールやオペラハウス、劇場なども一九世紀末から各都市に建てられていった。ニューヨークのメトロポリタン・オペラハウスなどはそのひとつである。

演劇、音楽などにおける観衆の参加から鑑賞への変化は、娯楽の形態自体にも影響を与え、高度に芸術的なもののほかに観衆の度肝を抜く大がかりな舞台装置や演出をともなうものが出現した。その一例は、一八七一年に始まったサーカス「地上最大のショー」（今日では「リングリング・ブラザーズ」として知られている）に見られる。興行主のP・T・バーナムが一八四七年に見世物小屋をニューヨークで開いたときは、出し物に客の参加を求めていたが、サーカスはその音と光と動きの絢爛《けんらん》豪華さと奇抜さを売り物にするショーとなった。

中産階級の道徳的基準にも耐え、しかも派手な舞台装置をともなった娯楽として一八八〇年代、九〇年代に登場し、一九一〇年代まで大衆の間で最も人気のあったのはヴォードヴィルである。動物のショー、小話、手品、パントマイム、アクロバット、歌、踊りなどを交えたいわばヴァラエティショーともいえるものだったが、高尚なオペラやコンサートに行くだけの経済的余裕はない中産階級の下層や富裕な労働者階級向けに、安くて健全な娯楽を提供した。労働者階級は、余裕があればヴォードヴィルを見に行くこともしたが、特にユダヤ人などの間では、彼ら自身の劇場で自分たち流に演劇や音楽を楽しんだりもしていた。また、ニューヨークのコニーアイランドなどの遊園地も若者の憩いと社交の場として、特に移民や労働者階級の若い男女を集めていた。

二〇世紀初頭には、映画が移民や労働者階級の娯楽として登場し、その他の娯楽を圧倒することになる。一八九〇年代末には、映写機の改良によって大型スクリーンで映画を見ることが可能になった。最も初期の映画館は「ニッケル・オデオン」と呼ばれ、店の一部を暗くしたところで短編の作品をいくつか見せるといったものであったが、一九〇五年にピッツバーグで始まった後急速に普及し、三年後にはニューヨークでは三〇万人以上が毎日映画を見に行くようになった。「ニッケル・オデオン」は、五セントのニッケル硬貨一枚で入場できるところからその名がついた。「観客がカムチャッカ出身であろうとイスタンブール出身であろうと関係なく」「映画を理解することができる」と、ある映画館の支配人が言ったように、無声映画を通して言葉の障害を感じることなく、移民たちはアメリカ文化に接触したのだった。

見る娯楽としてこの頃商業化されたのが、スポーツだった。野球は南北戦争前から労働者階級の間で広く行われていたが、一八七〇年代にはプロの野球チームのリーグも結成され、野球観戦がアメリカの国民的娯楽になっていった。ボクシングも、労働者階級の男たちがたむろする酒場での素手の殴り合いから、プロの選手によってリングで行われるスポーツに変わっていった。これに貢献したのが大学出のジム・コルベットであり、厳しいトレーニングにもとづいた「科学的ボクシング」で単なる野蛮なボクシングのイメージを一変させた。ちなみに、コルベットの名声を自分の映写機の宣伝に利用したのが企業家エディソンである。一八九四年、エディソンはコルベットのチャンピオン防衛戦を公開のリングでなく、狭い撮影スタジオで行わせてこれを映画に撮り、全米でヒットさせた。

一九世紀末に労働者階級の娯楽として生まれた映画、スポーツ、遊園地などは、二〇世紀になると、初めこれらを低級なものとして敬遠していた中産階級にも受け容れられ、現代アメリカの大衆文化として発展し、世界に広がっていくことになる。

大衆メディアの興隆

急速に工業化・都市化した社会の人々に情報を伝える手段として、新聞・雑誌などのメディアが重要になった。テレビを中心とした大衆メディアすなわちマスメディアは現代人の生活の一部となっているが、メディアの大衆化が進んだのはこの時代だった。一八七〇年から一九一〇年までの間に、日刊紙の発行部数は三〇〇〇万弱から二四〇〇万近くに増えたが、これは人口増加率の三倍だった。特に世紀末には、ジョゼフ・ピューリッツァーの『ニューヨーク・ワールド』とウィリアム・ランドルフ・ハーストの『ニューヨーク・ジャーナル』が、事件や社会情勢を大衆受けする派手な見出しをつけて掲載し、発行部数を増やした。これらの新聞は、掲載漫画の主人公イエローキッドの名をとって「イエロー・ジャーナリズム」と呼ばれ、企業や政治の腐敗についての暴露記事を掲載し社会改革に貢献することもあったが、人種偏見をかき立てたり事実に反した報道を行うこともあり、また、米西戦争におけるように国民の好戦的な気分を煽り立てることもあった。雑誌も大きな発展を遂げた。それまでは文芸誌が中心だったが、『レイディズ・ホーム・ジャーナル』のような生活のための情報を提供する雑誌が広く大衆に読まれるようになった。

大衆向けの新聞や雑誌の発展に貢献したのは広告産業である。新しい産業は新しい市場を必要とし、広告が市場獲得の最上の手段と考えられた。従来は、製品とその価格を示す程度だった広告は、絵や写真、魅力的なキャッチフレーズを使い消費者を引きつけるようになった。広告は、製品についての情報を伝えることより、人々の購買意欲をつくり出す役割を果たすようになったのである。デパートは紙面を大きく割いた広告で、特に女性の顧客を集めることに努めたが、このデパートの広告は新聞の経営安定化にもひと役買った。

労働者の反抗

こうした工業化がもたらした大衆消費社会の興隆のなかで、一八九三年、アメリカは史上最大の経済恐慌に襲われ、その後二〇世紀に入るまで経済の低迷は続いた。この年、多数の会社や銀行が倒産したり営業を停止したりし、失業率は二〇パーセントに上った。この数字は後の一九三〇年代の恐慌時に匹敵するものである。一九三〇年代と異なっていたのは、政府は深刻な経済不況に対して自由放任政策をとり続け、政府に改善策を要求する運動にも反乱鎮圧というかたちで対処したことだった。二〇世紀に入ると、この経験も踏まえて自由放任政策は大きく転換していくことになる。

不況のなかで、それまでも経済発展の恩恵から見放されていた農民や労働者はますます苦境に立たされ、他方で富の集中は進み、貧困と富のコントラストはいっそう顕著になった。こうした状況に対して、政府や共和党および民主党の二大政党は、何ら改善策を立てようとはせず、従来どおりの自由放任ないし高関税産業保護政策をとり続けた。ソーシャル・ダーウィニズムが支配する風潮のなかでは、政府が国民の経済活動に介入しない自由放任政策が当然視されたのである。こうしたなかで、労働者や農民の不満は高まったが、それは、不況下での労働条件の悪化に反対する大規模なストライキや政府による改革を求める第三政党による政治運動として爆発し、アメリカ全土を揺さぶった。

一八九〇年代には労働者や農民の反抗運動が頻発し、政治的社会的不安が全国に広がったが、なかでも注目されたのは、「コクシーの軍隊」と呼ばれた失業者の行進だった。ジェイコブ・コクシーはオハイオ州の実業家であり、大規模な道路建設事業による失業者の雇用を政府に要求し、ワシントンへの行進を計画した。オハイオから一〇〇人が徒歩で出発し、ワシントンに到着したときには五〇〇人ほどになり、沿道では主に労働者たちによる歓迎を受けたりした。後に『有閑階級の理論』（一八九九）を著すことになった社会学者ソースタイン・ヴェブレンは、「コクシーの軍隊」は救済を「連邦政府」に求めた点、すなわち「連邦政府」が国民の福祉に対して基本的に責任を有すると主張した点において、画期的な意味があったと指摘した。そして、この新しい原則によれば、全てのアメリカ市民に保証されるのは、「生命、自由、幸福の追求」(アメリカ独立宣言の言葉)ではもはやなく、「生命、自由、幸福を獲得する手段」だと述べた。「コクシーの軍隊」はワシントンに到着すると、待ち構えていた警察によっていきなり逮捕された。コクシーは、後に、芝生の上を歩いた罪で有罪の判決を受けた。議会はコクシーの要求を無視し、大統領クリーヴランドは「反乱」を抑えることしか考えなかった。

クリーヴランドは、ストライキに抑圧的政策で対応した。一八九四年、二六万からの全米の鉄道労働者が参加したプルマン・ストライキでは、連邦政府軍を派遣し、これに抵抗する労働者を銃撃戦も含め武力で抑えつけた。プルマン・ストライキの発端は、プルマン車輛会社の賃金の二五ないし四〇パーセントの引き下げにあった。プルマンは今日でもアメリカで鉄道車輛名として知られているが、そのプルマンである。プルマン社はシカゴ南方の「プルマン村」に社宅をつくり通常より高い家賃で従業員に住まわせていたが、賃金は下げても家賃は据え置かれた。労働者は賃金引き下げに対して、プルマンと交渉しようとしたが会社は応じなかった。このためプルマンの労働者はアメリカ鉄道労働組合(ARU)に応援を求め、ARUはプルマン車輛の全米ボイコット、ストライキを呼びかけた。ARUを率いていたのはユージン・デブズだった。デブズはこのプルマン・ストライキで投獄されたが、獄中で社会主義を学び、一八九七年社会民主党を結成、一九〇四年から二〇年までほとんど毎回、社会党から大統領に立候補した人物である。ARUの指導の下に、労働者側は一斉にプルマンの車輛を機関車から引き離し、六月末には全米の鉄道を止めてしまった。経営者側は団結してプルマンを支援し、ストライキは、デブズの言葉を引用すれば、「この国の金権勢力と生産者（物をつくる）階級の争い」になった。結局、ストライキは連邦政府軍に鎮圧され七月中旬に終結したが、政府軍に対する労働者の反抗はシカゴから全米に広がり、衝突のなかで三四人が死んでおり、デブズらARUの指導者たちは逮捕された。『シカゴ・トリビューン』紙はこの状況を、「ストライキは今や戦争だ」という見出しをつけて報道していた。

農民の運動

一八九四年のストライキでの敗北後、労働者たちは、自分たちの要求を政治的方法によって訴える方向を探り始めた。しかし二大政党は彼らの要求には耳を貸さず、そのようなとき、農民たちが第三政党として人民党を結成していた。一時的ではあったが、労働者たちは同じ「生産者階級」として農民たちとの共闘を考えたのだった。

人民党は、もともと一八七〇年代の終わりにテキサスで起こった農民の生活協同組合的な運動「農民連盟」が南部から中西部一帯に広がり、次第に東部資本家と対抗する社会改革運動として発展し、政党として結成されたものだった。農民たちは国際市場での供給過剰による農産物価格の低下、銀行からの負債、農民に対する不当に高額な鉄道運賃などに苦しみ、打開策のひとつとして通貨量の増大によるインフレ政策を要求していた。そして一八八〇年代末には、通貨量の増加だけでなく、より根本的な資本主義体制の変革に関わるような議論がなされるようになった。九〇年の選挙では、中西部各地で農民連盟の代表者が民主党を圧倒したり、また独自の政党を組織して、四人の州知事や四〇人以上の連邦議会議員などを送り出した。九二年には、ネブラスカ州オマハで人民党を結成することになる。そこでの綱領は当時の社会を批判し、具体的な改革案を提起した点で斬新なものであった。綱領の前文は、「我々は、国家の道徳的政治的物質的荒廃の真っ只中に集合する」、「何百万の人々の苦役の果実は、厚かましくも、人類の歴史に例を見ない巨大な富を築こうとする少数の者によって盗まれている。そして、これらの富の所有者は共和国を軽蔑し自由を危険に陥れているのだ」と訴えている。そこでは、「ふたつの階級——浮浪者と百万長者」というアメリカ社会のコントラストを生み出している「政府の不正義」を非難していた。綱領はそういった極端な貧富のコントラストをなくして正義を取り戻すための具体的方法として、自由な銀貨の鋳造(インフレ政策)、累進課税、外国人による土地所有の禁止、鉄道および電信電話の国有化などの経済政策、合衆国上院議員の直接選挙、住民の発議による立法の制度、秘密選挙制、女性参政権などの政治的民主化政策を要求していた。さらに、労働者との共闘をめざし、八時間労働や、労働賃金を低下させると考えられた移民の制限なども掲げていた。九二年の選挙では独自の大統領候補も立て一〇〇万票以上を集め力を示した。その翌年の経済恐慌の影響もあり、九四年の選挙ではさらに得票を一五〇万まで伸ばし二大政党に脅威を与えた。こうした、農民連盟から始まった人民党の運動のなかで注目されたのは個性的な論客たちだった。彼らは中西部各地を中心に演説して回り、農民や労働者の不満を巧みに代弁して多くの支持者を集めた。なかでも、アイルランド生まれの弁護士メアリー・リースは、女性参政権を主張し、また、農民たちに「穀物でなく大騒動をつくり出そう」と呼びかけ、その過激な発言で知られた。

二大政党でも特に民主党にとって、人民党は南部や中西部において支持基盤を共有する部分が多く無視できない存在となっていた。他方、共和党は外国製品に対する高関税政策による産業の回復、繁栄の復活を唱え、不況下の労働者の支持を獲得していた。労働者といってもその多くは、体制の変革に通じる改革よりは、目先の経済的利益につながりそうな方策に引かれたのである。農民の支持者を人民党に奪われる危機を感じた民主党は、人民党の政策を取り入れることによって勢力を取り戻そうとした。一八九六年の選挙では、共和党が、東部資本家の利益を代表し通貨量の制限を意味する金本位制の側に立つウィリアム・マッキンレーを大統領候補に指名した。これに対抗し、民主党は人民党勢力の強い中西部ネブラスカ州出身のウィリアム・ジェニングズ・ブライアンを指名した。民主党大会で、ブライアンは西部農民の東部資本に対する反感を代弁して共和党の金本位制支持者を攻撃し、「人類を金の十字架に磔《はりつけ》にしてはならない」とテノールの美声で訴えて大会参加者を感動させ、大統領候補の指名を受けた。人民党は、自分たちの立場を代弁する民主党のブライアンを推すか独自の候補を立てるかのジレンマに立たされた。前者を選択すれば民主党に吸収されることが予想され、後者では民主党と票を奪い合い共和党に敗北することが考えられた。結局、人民党はブライアンを大統領候補に指名したが、選挙では人民党が従来掲げていた広範な改革案は背後に退けられ、「フリーシルバー」のスローガンの下に銀貨の鋳造によるインフレ政策が全面的に掲げられることになった。

九六年の選挙では共和党のマッキンレーが圧勝した。その後、景気も回復の兆《きざ》しを見せ始め、共和党は繁栄の政党として一九一〇年代初めまで政権を維持していくことになる。そして、農民や労働者の利益を代表する政党であった人民党の運動も消滅への道をたどることになった。人民党は特に南部ではその衰退の過程で、以前は同じ弱者の立場から共闘さえ試みようとした黒人に対して激しい人種差別をするなど末期的症状に陥った。人民党の運動は資本主義の発展に置き去りにされた農民たちの、農本主義的な過去の社会への非現実的な郷愁と見ることもできる。しかし、資本主義社会の問題点を鋭く追及し、政府による問題の解決という新しい考え方を提起した点で大きな意義があった。彼らが要求した経済的政治的改革の多くは、二〇世紀に入ると政府・議会によって取り上げられ実現されることになる。二〇世紀には、自由放任の下で資本主義が発展した一九世紀とは異なり、国家がアメリカ社会の格差、すなわち本章でコントラストとして描き出してきた社会の状態に介入してこれを是正するという新たな原則の下に政策が立てられることになるが、この考えを最初に大々的に打ち出し次の世紀に伝えた点に、人民党の重要性があった。世紀末にはそれまでの自由放任主義からの転換が示唆されていたわけであるが、その大きな刺激となったのが人民党、そして労働者の運動であった。

新しい女性たち

労働者や農民は、その意思を投票権によって表明する権利を持ち政治に影響を与えることもできたが、市民としての基本的権利を否定されていた人々がアメリカ市民のなかに多数いた。それは女性と黒人である。女性たちは憲法によっても選挙権を認められておらず、また、黒人たちは南北戦争後憲法修正一四条によって市民権を保障され、さらに一五条によって選挙権を保障されていたが、一九世紀末、黒人の大半が住む南部諸州では様々な法律による選挙権の実質的な剝奪《はくだつ》が進み、また差別的な方法で人権を侵し、連邦政府もそれを容認した。

女性たちは、白人中産階級の女性を中心に、一九世紀中頃から女性参政権の獲得を主要目的とした運動（フェミニズム運動）を展開していた。憲法修正一四条、一五条での参政権獲得の機会を逃した後も、エリザベス・ケイディ・スタントン、スーザン・アンソニー、ルーシー・ストーンらの指導の下に、運動は活発に続けられていた。一八四八年のニューヨーク州セネカフォールズでの運動発足当初に見られたような自然権にもとづく人間平等の立場からの女性参政権の主張は、一九世紀末には、女性が女性としての特質を生かしてアメリカ社会に貢献するために参政権が必要なのだという便宜的な考えへと変化していた。しかし、より根本的な自由・平等の立場から新しい男女の関係、家族のあり方の変更を説く、それまでとは異なるフェミニストたちも登場していた。そのなかで二〇世紀につながる新しいフェミニズムの先駆者的存在として、ヴィクトリア・ウッドハルとシャーロット・パーキンズ・ギルマンに触れておきたい。

ウッドハルは、結婚の制度に縛《しば》られない自由な恋愛を唱え、また、一八七二年、初めて大統領に立候補した女性として知られている。もともと美貌の心霊術師として姉妹で活動しながら、実業家コーネリアス・ヴァンダービルトの信用を得、ニューヨークで株式仲買人になり世間を騒がせたり、連邦議会で女性の選挙権を要求する演説を行い、さらに恋愛の自由を主張して猥褻物《わいせつぶつ》郵送罪で投獄され、獄中から大統領に立候補するなど、過激な女性として悪評を買った。ウッドハルは七〇年代の一時期世間の注目を浴びたにすぎなかったが、一〇〇年後のフェミニズムが示すことになる新しい道徳観、女性像をいち早く体現していた。

ギルマンは、伝統的な女性像・家族像に挑戦する新しいフェミニズムの理論を展開した思想家であり、文学作品や評論を通してその考えを訴えた。一八九八年には『女性と経済』を出版し、生物学的な性差が女性の家事・育児の役割を規定することを否定し、女性は家庭の外に仕事を持ち経済的に自立し社会のために貢献すべきだと主張した。そして、女性が仕事を持つことを可能にするための具体的方法として、共同の保育所や台所を備えた集合住宅を提案した。ギルマンの思想で特に指摘したいのは、育児や家事などを科学的な知識を身につけた専門家に委《ゆだ》ねるという科学信仰ともいうべき態度である。科学的合理性を正義と同一視する風潮は一九世紀末のアメリカ社会一般に見られ、ソーシャル・ダーウィニズムもそれを表していた。ギルマンは、今日のフェミニズムの先駆的思想家であると同時に、その時代の落とし子でもあったのである。

一般の女性たちも、ウッドハルやギルマンには及ばなかったにせよ、伝統的な女性としての生き方から脱却しつつあった。消費経済の興隆のもとで、経済的余裕のある中産階級の女性は雑誌などの広告で知る流行の生活を追い、余暇にはスポーツにも興じるようになった。

図3① ギブソン・ガール

図3② 鯨の骨でできたコルセットを身につける伝統的な女性

新しく出た自転車を乗り回したり、大学の水泳、陸上、バスケットボールのチーム、上流社会に限られていたが、テニスやゴルフのクラブに入って汗を流したりした。こうした活動は、激しい運動は女性の身体に有害であるという一九世紀の常識を破るものであった。こうした女性たちの新しい生き方は女性向けの雑誌などで紹介されたが、なかでも人気のあったのは、チャールズ・ギブソンの挿絵に示された女性像である。ギブソンが描いたのは富裕な中産階級以上の女性たちで、美しく健康で、スポーツに興じたり自転車に乗ったりする活動的な新しい女性たちだった。「ギブソン・ガール」は、二〇世紀初めにかけて新しい女性の象徴にもなり、痩せて長身の「ギブソン・ガール」が身につける快適そうな服や髪のスタイルが当時の流行を決めることにもなった。労働者階級の女性は、ギブソンの描く裕福な中産階級の女性たちのようにスポーツに興じたり流行の服を買う余裕はなかったが、中上流階級に商品を提供するデパート、社交の場として興隆してきたレストラン、経済構造の変化で事務職が増えた会社などが、彼女たちに工場以外の新しい職場を提供し、収入の道を開いた。

黒人の境遇

アメリカ社会における極端な貧富の差のコントラストは、資本家と労働者階級のそれに尽きるわけではない。人種や民族《エスニシティ》の違いが重要な要因として、経済的格差以上の差をつくり出していた。一八九〇年代は特に、黒人や移民を排斥する動きが高まった時代である。黒人は奴隷解放後も、南部の農場で小作人として奴隷時代とあまり変わらない境遇に置かれていた。南部が連邦軍の占領下に置かれた再建時代には、憲法修正一五条を活用して黒人も州知事や連邦議会議員に選出されたが、南部諸州は徐々に白人支配を復活し、再建時代が終わると黒人の政治参加を阻止し社会的に隔離し始めた。ミシシッピー州を皮切りに、選挙資格として人頭税や読み書きテスト、また有名な「祖父条項」(祖父が選挙権を持っていた者が選挙権を有する)を加え、実質的に黒人を政治から排除していった。さらに、暴力によっても黒人を支配しようとし、九〇年代には毎年南部で一七〇人余りの黒人がリンチにかけられたという。黒人女性アイダ・ウェルズ＝バーネットの指導の下に全国的な反リンチ運動も起こったが、リンチは二〇世紀に入ってからも続いた。

この時代は人種別の隔離《セグリゲーション》が制度化されたことでも重要である。一八九六年に最高裁判所が、ルイジアナ州の客車をめぐるプレッシー対ファーガソン判決において、公共施設の「分離すれども平等」が合憲だとする決定を下し、アメリカにおける人種隔離の原則を確立した。「分離すれども平等」というのは、学校、バスや電車などの交通機関、公衆便所、水飲み場など公衆が利用する施設において、それが等しい条件であれば白人用と黒人用に分けることは正しいという原則である。常識で考えても、黒人の学校の施設が白人の学校のそれと同じであるわけはないし、公衆便所も黒人用がはるかに劣悪なものであることは明らかである。人種隔離は実際には人種差別であり、それこそ南部の白人が望んだことであった。「分離すれども平等」は、一九五四年の最高裁によるブラウン判決によって覆《くつがえ》されるまで、二〇世紀アメリカの前半を通して原則として機能し続けたのである。

ネイティヴィズム

黒人に対する人種差別は移民排斥ともつながっていた。一九世紀末には移民の構成に変化が起こり、イギリス、ドイツなど西ヨーロッパ出身者が大多数を占めていたのが、イタリア、ロシアなど南欧東欧からの移民、また西海岸では中国人の姿が目立つようになってきた。前者を旧移民、後者を新移民と呼ぶようになったのもこの頃である。アメリカは植民以来、言語にも見られるように、アングロサクソン系の住民が主導権を握ってきた。独立・建国の基盤である共和国思想もイギリスで発展した理念にもとづいており、「アメリカ的」なものとされたのはいわゆるWASP《ワスプ》の価値観、生活様式、文化であった。WASPからはずれる者、すなわち白人でなかったり、白人でもアングロサクソン系以外の白人やカトリック教徒である者は、WASPのアメリカ人による排斥の対象になった。こういった非「アメリカ的」ということで特定の集団を排斥する態度はネイティヴィズムといわれ、そのときどきで強弱もあったが、アメリカ社会の底流として今日まで続いている。反カトリックの立場からのネイティヴィズムは、一九世紀中頃アイルランドからの移民が急増したときに激しくなり、また、一九二〇年代にはクー・クラックス・クラン（ＫＫＫ：カトリック、ユダヤ人、黒人などを排斥する秘密結社）の復活をもたらしたりした。

ネイティヴィズムは、また、急進的な考えもアメリカの秩序を脅かすとして攻撃の対象とし、一八世紀末にはフランス革命におけるジャコバン派支持者を排斥し、二〇世紀初め以降は共産主義者に対するレッドパージが起こった。共産主義に対する攻撃は、いうまでもなく、資本主義体制への脅威としてソ連が興隆してきたことによる国際情勢の変化に対する不安から来ていた。ネイティヴィズムの波は、国際情勢や経済状況と関係しながら、アメリカの体制ないし安全に対する不安に比例して高まった。特に経済が悪化しているときには、移民は低賃金労働者として攻撃された。

ネイティヴィズムにおいて、反急進主義、反カトリック以上に重要と見られるのは人種差別主義であろう。黒人はアメリカ人でありながら人種により「アメリカ的」でないとされ差別されてきた最も顕著な例である。人種的には白人であっても、文化的にまた身体的特徴においても西欧系白人とは多少異なることから、ユダヤ人、イタリア人、ポルトガル人などが同じく差別されたが、彼らは白人として集団のなかに溶け込むことができた。

人種的な理由から特に排除されたのは、アジアからの移民たちだった。西海岸の中国系移民は人種的文化的にＷＡＳＰから最も遠い存在とみなされ、それだけでもネイティヴィズムの対象になり得たが、低賃金労働者として白人の労働者の脅威とされ、労働組合は移民制限の運動を展開した。こうした白人労働者たちの中心になったのは、皮肉なことに、ＷＡＳＰ社会のネイティヴィズムに苦しんできたアイルランド系のアメリカ人だった。白人のなかでも最も下層に置かれた集団が、低賃金労働者の移民を競争者として排除したのである。こうしたなかで、一八八二年、連邦議会は中国人移民排斥法を制定した。これは最初の、そして唯一の、特定の国出身の移民を対象にした移民制限法である。対象にされたのが非白人の中国移民であったことはネイティヴィズムの特質をよく表している。この法律は一〇年の時限立法だったが九二年に延長され、第二次大戦中まで存在した。中国系移民が途絶えると、ネイティヴィズムは日本人移民に向けられることになった。二〇世紀前半の日系アメリカ人の歴史は、まさにネイティヴィズムのなかでの苦闘であり、このネイティヴィズムが頂点に達したのが第二次大戦中の日系人強制収容だった。ここでも、戦争によってアメリカの安全に対する不安感が高まったときに、ネイティヴィズムが極端なかたちで現れるのがわかる。

人口の多様化

一九世紀末に起こったのは、要するに人口の多様化の急速な進展だった。西欧や北欧だけでなく、南欧・中欧・東欧系そしてアジア系も含めた移民の存在が、アメリカ社会のなかで目立ってきたのである。当時、工業化・都市化の下で、古くからいるアメリカ人は社会の急激な変化に不安を抱いた。街に出ると英語以外の言語が聞かれ、多様な民族の衣装を着た人を見かけるということは、非「アメリカ的」な要素の侵入であり、不安をいっそうかき立てる原因になった。

今日のアメリカでも似たような現象が見られる。出身国別移民割当制度を廃止した一九六〇年代以降は、それ以前には少数だった出身国の移民が増えている。特にベトナム戦争後の難民など東南アジアからの移民、米中国交再開後は中国からの移民、毎年入ってくるメキシコからのいわゆる不法移民など、移民の出身国はかつてのヨーロッパ中心から非ヨーロッパ中心となり、その現象が著しいカリフォルニアでは、二〇一三年には非白人が人口の五〇パーセントを超えるといわれている。

こうした人口の多様化に対して、一世紀前は異質な要素を排除して「アメリカ的」な同質性を守るという方法がとられたが、今日では、全ての要素を同等に扱い、新しい異質なものから構成される「アメリカ的なもの」をつくり出そうとしている。しかし、アメリカ史の底流にあるネイティヴィズムは消滅したわけではない。否、多様化が進むなかでいっそう激しくなっているともいえるだろう。それは、最近頻発している「ヘイトクライム」と呼ばれる、新しい外国移民やユダヤ人、黒人に対する嫌がらせにも見られる。また、建国以来のアングロサクソン的な価値観や文化――アメリカの伝統――を守ろうという立場から、「アメリカの伝統」とは異質な文化や価値を平等に取り扱うことに反対する知識人も多い。人種差別や異質な文化の排除は支持しない彼らを、ネイティヴィズムと一緒にすることはできないが、一世紀前の多様化の進展に危惧を抱いた人々の態度に通じるものがある。

アメリカの膨張主義

一九世紀末、資本主義経済発展の下で、階級および人種・エスニシティによる国民の境遇のコントラストはいっそう顕著になっていた。国内にそうした相違ないし対立を含みながら、アメリカは市場を求めて海外進出を始めることになる。

アメリカの膨張はこのとき始まったわけではない。一九世紀には領土は拡大し続け、ルイジアナ領土、フロリダ、テキサス、オレゴン、カリフォルニア、ニューメキシコ、アラスカなどを版図に加え、一九世紀末には建国時の三倍の領土を支配下に置いていた。それは、先住民の征服によって成し遂げられたのであるが、民主主義とプロテスタントの信仰を大陸大

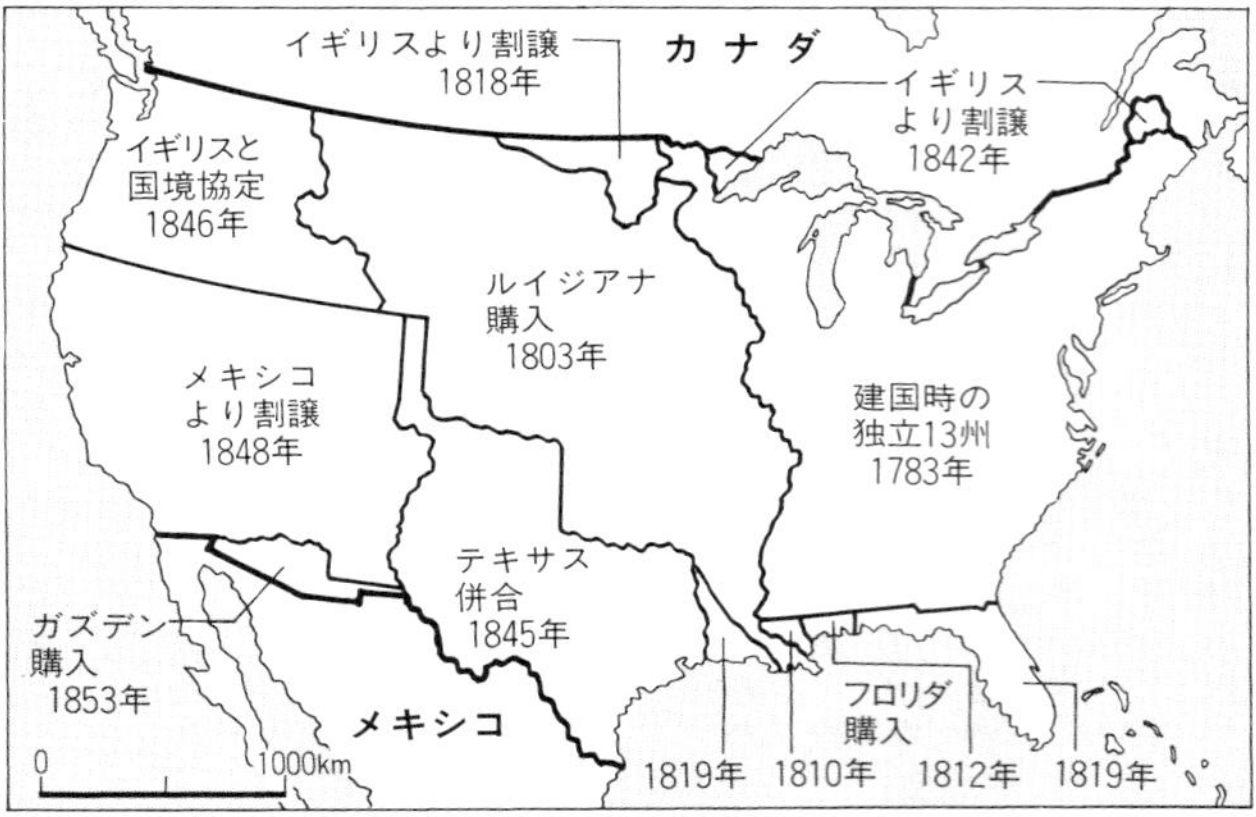

図4　アメリカの膨張（1783〜1853）

に広げるのが神から定められた「明白な運命」だとして正当化されていた。一八九三年、歴史家のフレデリック・ジャクソン・ターナーは「アメリカ史におけるフロンティアの意義」と題する論文を発表し、一八九〇年の国勢調査が伝えたフロンティア（未開拓地）消滅への注意を喚起し、アメリカの大陸内膨張の限界を示した。九〇年代末以降、アメリカは海外へと膨張していくことになる。

国外への膨張は様々な要因によって促されていた。まず、フロンティアの消滅は人々を不安にし、新たな海外のフロンティアに目を向けさせる背景となっていたが、一八九三年に起こった経済恐慌は、資本家たちに海外市場獲得へと向かわせるきっかけを与えることになった。さらに、九〇年代の人民党の運動や労働運動などによって引き起こされた社会的混乱に危機感を抱いた政治家のなかには、国威を発揚し国民の関心を国外に向けることによって社会の動揺を回避しようと考える者もいた。

一九世紀後半、海外市場はアメリカ経済にとって重要性を増していた。アメリカの輸出総額は一八七〇年には三億九〇〇〇万ドルだったのが、一九〇〇年には一四億ドルに上った。帝国主義者として有名なインディアナ州選出の共和党上院議員アルバート・ビヴァリッジは、一八九九年、「今日、我々は自分たちで消費できる以上の量を生産している。したがって、製品のための新しい市場、資本の新しい活用の場、労働のための新しい仕事を探さなければならない」と述べている。アメリカにとって新しい市場とは、ラテンアメリカ、中国を指していたが、ヨーロッパ諸国や日本は中国をそれぞれの勢力範囲に分割しつつあり、ビヴァリッジと同様の立場に立つ政治家たちは、諸列強の「行進から落とされないように」と盛んに警告を発していた。

アメリカの膨張の正当化に格好の論拠を与えてくれたのが、当時支配的だったソーシャル・ダーウィニズムだった。世界の各「人種」は、自然界の種《しゅ》のように、生存のための戦いのなかで適者だけが生き残るのであり、強い国は弱い国を支配下に置くのは自然の摂理だという論理で、帝国主義的膨張は説明されたのである。これは国内社会におけるソーシャル・ダーウィニズムを国際社会に適用するものであり、宗教的な信念である「明白な運命」を

「科学的」「学問的」に裏づけようともしていた。たとえば、コロンビア大学の政治学者ジョン・バージェスは、その著書『政治学、比較法学』（一八九〇）において、「人間には野蛮状態にいる権利はない」とし、最高の政治的能力を持つアングロサクソンおよびチュートン民族はその卓越した政治制度を他の不幸な民族に伝える義務があると述べた。また、プロテスタントの牧師ジョサイア・ストロングは『我が祖国――その未来の可能性と現在の危機』（一八八五）において、市民の自由と純粋なキリスト教を代表するアングロサクソン、特にアメリカ「人種」は、その制度を世界に広めることが「神から委ねられている」と述べていた。当時は文化的歴史的相違にもとづく人間集団を指すエスニシティという言葉はなく、「人種」が民族や国民などと同意義的に使われていたのである。セオドア・ローズヴェルトをはじめとする政治家たちにも大きな影響力を持っていたのは、海軍提督アルフレッド・T・マハンだった。『歴史における海軍力の影響――一六六〇〜一七八三』（一八九〇）などの著書で、歴史上偉大な国家は海洋国家であり、ふたつの大洋を持つ合衆国も海洋における力を基礎に発展すべきだとの主張を展開し、海洋国家は、国内産業、外国貿易、原料供給地や市場としての植民地、それらを守るための強力な海軍が有効に結びついて成立すると説明した。そして、カリブ海の運河建設、ハワイや太平洋諸島の領有を支持したのだった。

米西戦争

以上のような帝国主義的願望を現実化したのは、一八九八年の米西戦争だった。周知のように米西戦争はキューバにおけるスペイン支配への反抗運動に端を発し、アメリカは反乱勢力を助けるかたちで行ったスペインとの戦争の勝利により、キューバを独立させたほか、自らがスペイン領のプエルトリコ、フィリピンを領有することになった。キューバにおけるスペインの圧政は一八六〇年代、七〇年代から問題になっていたが、九〇年代にはそれはスペインの残虐行為としてアメリカ人の怒りを買うようになった。当時の大統領マッキンレーは、スペインに「非文明的で非人道的な」行為をやめることを要求し、スペイン政府はアメリカとの戦争を回避するためこれに譲歩していたが、開戦を要求するアメリカ国内の世論を抑えきれずに戦争勃発《ぼっぱつ》となった、と歴史家たちは説明している。

米西戦争はそうした世論をつくり出したメディアによって引き起こされたとさえいわれる。戦争の根底にあったのは前述したような膨張主義的要因であったが、一八九〇年代は、今日では当たり前のことになっているメディアによる世論形成が始まった時代であった。ピューリッツァーの『ワールド』とハーストの『ジャーナル』に代表される大衆紙「イエロー・ジャーナリズム」が発行部数を競い合っており、こうした新聞にとって、スペインによるキューバの人民弾圧は大衆の感情に訴える願ってもないニュースの材料になった。両紙は記者や

図5　米西戦争100周年の記念切手　「メイン号を忘れるな」のスローガンが入っている

挿絵画家をキューバに派遣し、スペインによる残虐行為をできるだけ生々しく衝撃的に伝えるようにと指示していた。ハーストは、「君は絵を供給しろ。私が戦争を供給するから」と画家フレデリック・レミントンに話したという。アメリカの対スペイン宣戦布告の直接のきっかけはハヴァナ港に停泊中の合衆国軍艦「メイン号」の爆発だった。この原因はエンジン室の事故にあったと今日ではいわれているが、多くのアメリカ人はスペインによるアメリカ船の撃沈と考え、開戦を要求する国民の声は高まった。好戦的気分の高揚に拍車をかけたのが「イエロー・ジャーナリズム」であり、新聞が掲げた「メイン号を忘れるな」のスローガンは、国民の間に復讐の感情を燃え上がらせた。大統領は「人類の名において、文明の名において、危険にさらされたアメリカの利益のために」宣戦布告の決議を議会に要請し、それは採択された。

力の衰えていたスペインとの戦争はわずか一〇週間でアメリカの勝利に終わった。この戦争で顕著な動きをしたのは、当時海軍次官補で数年後大統領になる熱心な帝国主義者セオドア・ローズヴェルトだった。ローズヴェルトは戦争勃発と同時に太平洋の艦隊をフィリピンのマニラに送り占領させた。人道主義に立ったはずの戦争は、開戦と同時に、スペインから植民地を奪う帝国主義の戦争となっていたのである。ローズヴェルトはこの後、自ら戦争に参加するために海軍の職を退き義勇軍を編成し、ハヴァナに向かった。国民の支持を受けた米西戦争には、大統領が要請した一二万五〇〇〇人をはるかに超える一〇〇万人の青年が軍隊に志願したが、なかでもローズヴェルトの率いる「ラフライダーズ（荒馬乗り）」部隊の活躍は新聞の脚光を浴びた。しかし、「ラフライダーズ」の栄光の陰に忘れられてきたのは、キューバ人の反乱軍と「燻製《スモーク》の《ト・》ヤンキー《ヤンキー》」と呼ばれた黒人兵士の存在である。黒人兵士はアメリカ軍の二五パーセントを占め重要な役割を果たしていた。彼らは「ラフライダーズ」を救ったともいわれ、また、黒人兵の手柄を白人士官が横取りする場面も伝えられている。

「反帝国主義」と帝国主義

一二月に締結されたパリ平和条約は、キューバの独立を認め、プエルトリコはアメリカに割譲された。太平洋のグアム島もアメリカの領有となり、フィリピンもアメリカに引き渡された。批准のために上院に送られた条約はアメリカ国内に大きな議論を巻き起こすことになったが、その争点はフィリピンを領有するか否かをめぐる問題だった。もともとフィリピンの占領はフィリピンを海外発展のための拠点とするために行われたのであるが、フィリピンでは初めアメリカ軍をスペイン支配からの解放者として歓迎した。しかし、自らが新たな支配者になろうとするアメリカの意図が判明するとすぐに、アメリカに対する反乱が起こった。アメリカ国内では、フィリピン領有がアメリカの共和国理念に悖《もと》るとして強い反対が起こった。フィリピン領有に反対する「反帝国主義者」はアンドルー・カーネギーのような実業家から、作家のマーク・トゥウェイン、労働運動の指導者ユージン・デブズやサミュエル・ゴンパーズ、民主党のウィリアム・ジェニングズ・ブライアンなど様々な立場の人々を含み、その反対の理由も多様であった。植民地を持つことはアメリカの民主主義の原則に反する、植民地からの労働者の流入が賃金の低下を招く、劣等なアジア人種を入れることによりアメリカ的なものが損なわれるといったように、「反帝国主義」には理想主義だけでなく人種差別意識も含まれていたのである。「反帝国主義」も非「アメリカ的」要素を排除する当時隆盛にあったネイティヴィズムと無関係ではなかった。帝国主義者は、前述の「明白な運命」やソーシャル・ダーウィニズムにもとづいてアメリカの海外領土獲得を支持していた。結局フィリピン領有を含んだパリ条約は上院で批准され、アメリカは海外に領土を持つ帝国となった。

フィリピン領有をめぐる帝国主義対「反帝国主義」論争はアメリカの外交政策に関する最

初の大きな論争であり、帝国主義者の唱える植民地支配をともなう海外膨張が支持を得ることになったが、「反帝国主義者」も膨張そのものに反対していたわけではなかった。「反帝国主義者」も、アメリカの経済的発展、民主主義およびプロテスタンティズムの世界伝播《でんぱ》は支持していたのであり、それは政治的軍事的支配がなくても達成できると考えていたのである。一八九九年の「門戸開放宣言」は、列国の勢力圏下に置かれつつあった中国における自由な経済活動を主張していたが、それは政治的支配をともなわない海外膨張政策であり、「反帝国主義者」も含めた国民的合意を示していた。

最初アメリカ軍を解放者とみなしたフィリピン人は、アメリカが新たな植民地支配者となることが判明すると、エミリオ・アギナルドの指導の下に反乱を起こした。アメリカとフィリピン人の間の戦闘は一九〇二年まで続き、アメリカ側は四三〇〇人の死者を出したが、これは米西戦争の戦闘における死者の一〇倍だった。フィリピン人に対するアメリカ軍の残虐行為はスペインのキューバ人に対するそれに匹敵するともされ、五万のフィリピン人の生命が奪われた。二〇世紀には、ベトナム戦争に典型的に見られたように、自由と民主主義を旗印に解放者として海外に進出し、民族運動への武力介入ないし抑圧を行うことになるが、それは一九世紀末のフィリピンにおいて始まったのである。

二〇世紀へ

二〇世紀を前にして、共和国設立以来の「自由」と「民主主義」の理念、それにもとづく政治制度を誇るアメリカは、世界一の工業国となり、物質的豊かさと政治的自由が保障される理想的な国として世界に登場した。しかし国内では、豊かさのなかの貧困、民主主義のなかでの人種差別といったアメリカ社会のコントラストが一八九〇年代の経済的不況の下でいっそう顕著になっていた。すなわち、富を浪費する金持ち、豊かな消費生活を享受する中産階級、日々の生活に追われる農民や労働者などの経済的利益の異なる集団が存在し相互に対立していたのである。さらに、工業発展を支える労働力として移住してきた新しい移民に対するネイティヴィズムは激化し、黒人を政治および一切の公共の場から排除する人種隔離政策も強化されていた。労働者階級や農民は資本家に反対する運動を起こし、それは暴力をともなう対立を招いたり、既存の政党を脅かす政治運動に発展していった。これらの社会的対立は国内に危機感を広げ、混沌とした社会に新しい秩序を取り戻すことにより資本主義体制を守り、さらに発展させるための経済的政治的改革が考えられるようになってきた。こうした考えを抱いた人々の多くは、資本主義発展の下で成長した中産階級やそれまでのアメリカ社会において指導的地位にあった上流階級の出身であり、建国以来のアメリカの「自由」と「民主主義」の正義を信じ、人間の理性を信頼し、合理的科学的な方法によって問題は解決できるとの信念を持っていた。

一八九〇年におけるフロンティア消滅の報告も、世紀末の社会に不安な材料を与えていた。しかし、アメリカは九八年にスペインと戦争を起こし、海外に植民地を獲得した。これはそれまでアメリカ大陸において西に向かって前進してきたフロンティアの、大陸外へのさらなる西漸を意味していた。そして新しい海外のフロンティアは、アメリカを世界最大の工業国に押し上げた経済力によって、植民地に限らず無限に広がる可能性を示唆していた。

こうしてアメリカは、国内には新しい秩序を、国外には新しいフロンティアを求めながら、不安ななかにも自国の進歩と発展を信じる楽観的な態度で二〇世紀に臨むのだった。

第2章　革新主義の時代——一九〇〇年代〜一九一〇年代

一九〇〇年

一九世紀末のアメリカ社会に混乱と不安をもたらした様々な問題に、人々は革新主義という解答を与えた。その内容は、新しい工業化社会に対応した新しい政治的経済的社会的な秩序の創出であった。すなわち、「現代アメリカ」の出現である。そしてこの時代つまり二〇世紀初頭から第一次大戦にかけて、アメリカは国外に膨張し世界最強国となる。

ところで「現代アメリカ」の出発点にもなった一九〇〇年とは、アメリカ人にとってどのような年だったのだろうか。この年何が起こり、彼らは何を考えていたのだろうか。

当時、二〇世紀がいつ始まるかについての議論が盛んに行われ、一九〇一年からということで決着がついていたが、多くの人々は、一八〇〇年代から一九〇〇年代に変わることで新しい世紀を迎えた気持ちになった。一八九七年に就任した共和党大統領ウィリアム・マッキンレーの下で不況から回復し、労働者も含む多数の人々が豊かな消費文明を享受し始めていた。彼らは、世界一の工業国、農業国、科学技術の先進国、史上最高の豊かな生活を実現した国の国民として、社会が抱えるいかなる問題も自分たちの力で解決できると信じ、アメリカがそれまでに築き上げた物質文明が新しい世紀にはさらに進歩していくと確信していた。そして、この自信と楽観的な態度は一九〇〇年のアメリカ人の多くが共有し、革新主義を生み出すもととなった。

「一九世紀は物質的幸福と人類全体の知識の啓発に関する限り、それ以前のいかなる人類の歴史よりも大きな進歩を記した」と、『ニューヨーク・タイムズ』紙は述べ、一〇〇年前は一瞬のうちに吹き飛びそうな弱小共和国だったアメリカが、今や世界中から羨望視される国家となったことに驚嘆した。太平洋岸では『サンフランシスコ・イグザミナー』紙が、「最も貧しい職人が、一世紀前には国王でさえ買えなかった宝物を持つようになった」と、電気、電話、水道、電車など、科学技術の発達による文明の利器を称讃する記事を載せていた。しかしまた、はたして二〇〇〇年に、金持ちが欲張りでなく貧乏人が不満を持たなくなるか、見せびらかしでない富、放縦をともなわない自由、教育の広がりを見ることができるかとの疑問を提起し、「たぶん、そうはならないだろう」と悲観的に予測していた。その二〇〇〇年も過ぎた現在、科学技術の発達はとどまるところを知らず、ここで提起された問

図６　1901年に描かれた100年後のニューヨーク

題は、悲観的予測も含めて、そのままあてはまるのではないだろうか。

一九〇〇年のアメリカは世界中からの移民の住処《すみか》となっており、都市には外国生まれの人々があふれていた。新大陸に来た移民たちは、そこに困難と希望の両方を見出していた。ある移民は故郷の家族への手紙に次のように書いている。「私は指を一本なくした。……アメリカはきついところだ。ジョゼフは送ってくるな。アメリカに耐えられるほど強くない。他の者たちは送ってくるとよい。ここは偉大な土地であり、ここで新しく出発できるのだ」

実際、一九〇〇年のアメリカは希望と失望のコントラストが著しかった。めざましい工業化の裏では前世紀から続く資本家と労働者の対立、貧富の差があり、民主主義の政治制度は黒人差別や移民排斥の上に成り立っていたともいえる。自由と民主主義の唱道者だったはずのアメリカは、海外、特にフィリピンで現地民の自由の抑圧者となり強い抵抗に遭《あ》っていた。資本家と労働者の対立は、一八九〇年代には資本家の勝利に終わったかに見えたが、両者の間の溝はいっそう深まっていた。一八九二年に自社における労働者のストライキを暴力を用いて粉砕したカーネギーは、一九〇〇年、「工場や炭鉱では何千もの労働者を雇うが、雇用者は彼らのことを何も知らないし、彼らにとって雇用者は神話上の人物でしかない。厳格なカーストがつくられ、相互の無知は相互の不信を生み出す。……雇用者と被雇用者、資本家と労働者、金持ちと貧乏人との間には摩擦がある」と述べている。

黒人たちにとって、一九〇〇年は厳しい年だった。奴隷制廃止後、南部では人種隔離や黒人の市民権剝奪《はくだつ》が進み、人種差別は暴力的様相を呈し、前年一年間の白人の黒人に対するリンチは一〇〇件を超えていた。しかし、そうした差別のなかで平等をめざす新しい指導者が登場していた。ハーヴァード大学で黒人として最初の博士号をとり、アトランタ大学で社会学を講じるW・E・B・デュボイスである。彼はこの年、アトランタで、「黒人犯罪の問題」と題する講演を行い、肌の色のために仕事場から閉め出される黒人の若者の挫折感、黒人の生活がいかに制限されているかについて述べている。この言葉は、一〇〇年後の現在の状態をそのまま表しているともいえるだろう。それまで、最も影響力のあった黒人指導者ブッカー・T・ワシントンは、黒人の地位の向上は何よりも経済力をつけることによって達成できるとし、白人社会との協調を説いていたが、これにデュボイスは反対したのである。彼は、「ワシントンは黒人に政治的権力、公民権、高等教育をあきらめろというが、今日の男たちにとって投票権が必要なこと、差別は野蛮であること、白人の少年同様黒人の少年にとっても教育が必要なことを、黒人は強く主張しなければならない」と述べた。彼は、人種問題は二〇世紀の問題になるとも語っているが、デュボイスの立場は、人種平等を追求する現代の公民権運動に思想的基礎を提供した。

デュボイスの予言どおり、二一世紀に入った今日に至るまで、人種問題はアメリカ社会の最も重要な問題となってきた。しかしながら当時、多数のアメリカ人にとって、人種問題は問題とはみなされなかった。黒人が能力的に劣ると考える彼らにとって、優秀な白人が黒人を支配するのは当然のことだったのである。

一九〇〇年の諸問題

一九〇〇年、多くのアメリカ人が主に問題としていたのは、都市の貧しい移民、政治の腐敗、独占企業、労働者と資本家の対立、そして海外への膨張である。また、この頃から急速な開発による自然の破壊を懸念するようになってきた。さらに、女性たちの参政権も重要な問題として取り上げられ、ジェンダー社会にも動揺が見え始めていた。

こういった様々な問題を、人々は、アメリカのよって立つ民主主義の理念と科学技術の力で解決することができ、それによってアメリカ社会はさらに進歩していくと信じた。そして、急激な工業化が社会秩序の崩壊をもたらしたなかで、彼らは、個々の問題に対処するだけでなく新しい時代に適した経済や社会の新しい秩序をつくり出す改革が必要だと考えた。こうした楽観的な態度を基盤にした改革の運動の総体が革新主義と呼ばれる運動であり、第一次大戦に至る二〇世紀最初の時期、アメリカ中を席捲《せっけん》することになる。

一九〇〇年のアメリカにおいて、国外への膨張も重要な問題だった。フィリピンにおける反アメリカ・ゲリラとの戦いは泥沼化していた。フィリピン人に対するアメリカ軍の残虐行為がアメリカ軍兵士の手紙や新聞などで伝えられ、またアメリカ人兵士の戦死者が増えると、「フィリピンでのアメリカの行為は独立を求める民族の弾圧であり、「アメリカの理念のとんでもない堕落である」と多くの人々が感じるようになった。再三カーネギーを引き合いに出すことになるが、彼は、「共和国アメリカがフィリピンの独立闘争の抑圧者であってよいのか」と考え、フィリピンを独立させるために自らこの島国を二〇〇〇万ドルで購入することを申し出た。

図7　1900年頃のニューヨークの移民居住区

アメリカのフィリピン支配はアジアの本土、つまり中国大陸への武力介入に道を開いた。一八九九年、中国では秘密結社義和団による反キリスト教的な排外運動が起こり、各地に反乱が広がっていた。一九〇〇年六月、ヨーロッパの列強による武力鎮圧の試みも空しく、義和団は北京を制圧し、北京周辺のキリスト教信者や外国人約二五〇人が殺されるに至った。列強はより大規模な連合軍を送り義和団を攻撃し、八月には反乱を鎮圧した。

この間アメリカでは大統領マッキンレーが、アメリカ人の生命と経済的利益を守るために、フィリピン駐留のアメリカ軍を中国に派遣すべきか否かの決断に迫られた。結局、二五〇〇人の兵士をマニラから中国に移動させ列強の連合軍に参加させたが、これは、議会の承認を得ないで戦争を行うことを意味していた。議会による宣戦布告なしに合衆国軍最高司令官である大統領の決断によって行う戦争は、今日では珍しくなくなったが、このとき、マッキンレーはその重要な先例をつくっていたのである。

新世紀の大統領

一九〇〇年は大統領選挙の年であった。現職の大統領マッキンレーが好景気の下で国民の一般的支持を得ており、六月の共和党大会で当然のように候補者指名を受けた。しかし、民主党はフィリピンの領有、独立運動の抑圧など、共和党の帝国主義政策を激しく非難し、さらに、義和団事件鎮圧のアメリカ軍派遣についても批判していた。再度民主党から大統領候補として出馬したウィリアム・ジェニングズ・ブライアンは、この選挙では、マッキンレーを大企業の手先、帝国主義者として糾弾し、「帝国主義は、現在我々の国を脅かしている最も危険な罪悪である」と訴えた。ブライアンはアメリカの外交政策はフィリピンや中国に対するアメリカ的な社会の押しつけであり、道徳に悖《もと》るものとしたのである。

ブライアンらの帝国主義攻撃を直接迎え撃ったのは、マッキンレーではなく、副大統領候補セオドア・ローズヴェルトだった。「私はいかなるときも膨張に賛成である。我が国の兵士が戦い血を流してきた地で、我が国の旗を引き下ろすことはしたくない」と訴えた。彼は、ニューヨーク州の改革派知事として若い共和党支持者の間で人気を博し、また、米西戦争では義勇軍「ラフライダーズ」を率いて戦い国民的英雄になっていた。当時有名なジャーナリスト、ウィリアム・アレン・ホワイトは彼を、「今日のアメリカにおいて、セオドア・ローズヴェルトほど、その人間性が国民の心の中に深く根を下ろしている人物はいない。……彼こそは二〇世紀の来《きた》るべきアメリカ人だ」と絶讃していた。雄弁なブライアンの帝国主義批判に対抗してマッキンレーの外交政策を擁護する人材として、ローズヴェルトに勝る者はいなかったであろう。「偉大な文明国の膨張は、常に、法と秩序と正義の勝利を意味する」と主張した彼は、「アメリカ帝国主義の象徴」であった。さらに、ブライアンが攻撃する「フィリピンや中国へのアメリカ的社会の押しつけ」については、これまでアメリカ合衆国がインディアンに対して行ってきたことであり、民主党もこれを支持してきたはずであると指摘し、「フィリピンをフィリピン人に返すなら、アリゾナをアパッチ族に返さなければいけないことになる」と述べた。四〇歳のブライアンと四一歳のローズヴェルトの舌戦がアメリカを熱気に包み、一九〇〇年の秋の選挙戦は国民を楽しませた。

この選挙でもうひとつ注目したいのは、選挙権のない女性が除外されていたことのほかに、黒人がアメリカの議会から消えたことである。南北戦争の再建時代に南部を占領していた連邦軍が引き上げた後、南部では黒人選挙権の剝奪が進んでいた。この年、最後まで残っていたノースキャロライナ州選出下院議員ジョージ・ホワイトが、立候補を断念したのである。彼は下院での告別演説で、「議長、これはおそらく、ニグロのアメリカ議会への一時的な別れとなるでしょう。しかし、不死鳥のように、いつの日か立ち上がり、再び戻ってくると、私は言いたい」と述べたが、この後二八年間、黒人がアメリカ議会で演説を行うことはなかった。

大企業主導の経済が繁栄していたとき、ブライアンの大企業攻撃、帝国主義反対は旗色が悪く、共和党が大勝した。次の世紀は当初、共和党の下で、国内については企業の強大化、国外に関しては強国アメリカの膨張が政策として推進されていくことになる。

「現代アメリカ」の新しい秩序、革新主義

二〇世紀初めから第一次大戦にかけて、アメリカでは何百万もの人々が資本主義の下で急

速に発展した工業化社会の歪《ゆが》みを正そうと、また、工業化社会に対応した新しい社会の秩序を求めて様々な運動に参加した。この時代のアメリカ全土に広がった改革的気運および運動の総体が、アメリカ史において革新主義と呼ばれているものであり、この革新主義こそが、「現代アメリカ」の原型をつくり出したのである。したがって、ここでその革新主義とは何かを明らかにしておきたい。

しかし、革新主義をひと言で説明することはほとんど不可能といえる。これは革新主義自体の性格からも来ている。「革新主義」は、英語のプログレッシヴィズム（Progressivism）の定訳となっているが、これが「進歩」を意味する言葉であることはいうまでもない。定訳を使うとして、「革新主義」は一九世紀末から二〇世紀初めにかけて、多様な人々や集団が多様な考え方に立って、社会の一部ないし全体的な変革をめざした動きであることは間違いないのであるが、それらの思想や動きには相互に矛盾が見られ、常識的に見ると「進歩的」というよりはむしろ「保守的」といえる立場や、確かに「進歩的」と考えられる運動も含まれていた。この革新主義の雑然としたあり方ないし多様性こそ、まさにアメリカ的な改革運動の性格を示しているともいえるだろう。

ここで説明を放棄するつもりはない。混沌とした革新主義のなかに何らかの共通点を探り、どこが全体として「革新」なのか考えてみたい。まず、革新主義のどの勢力にも共通する問題意識があった点は重要である。それは、一九世紀末の急速な工業化によって混乱した社会への対応である。その対応は具体的には大きく三つの立場に分かれていたといってよいだろう。第一は、社会問題の個別的部分的な改善ないし改革である。第二は、アメリカ社会を資本主義から社会主義へと変えようという全体的な改革。この社会主義の立場は革新主義のなかでさして大きな影響力を持ったわけではなかったが、この時代に勢力を伸ばしている。第三は、資本主義経済の下で発展した工業化社会に合わせた新しい社会秩序の編成。一番目と二番目は、私たちの常識から見て「進歩的」といえる。しかし三番目は、資本主義体制に適合する社会秩序を求めるのであるから、「保守的」にさえ見える。実際に、革新主義を「保守主義の勝利」と性格づけるアメリカ史研究者も少なくない。しかしまた、この勢力が「新しい」秩序を求め、「変化」を求めていたことも事実であり、この点では「革新」といえるのかもしれない。特にソ連などの社会主義諸国の崩壊後、保守と革新の区別が従来のように明確ではなくなってきている今日、アメリカの革新主義のこの第三の立場は、まさに一〇〇年後の現代の「革新」を示唆しているようである。

以上のように革新主義を三つに整理したうえで、全体的に革新主義を捉えてみたい。ここで問題になるのは社会がどうつくり変えられたのかである。つまり、誰のイニシアティヴでどんな新秩序がつくられたのかということになる。こうして考えると、第一や第二の動きも一定の成果を上げてはいるが、全体としては第三の勢力が新しい秩序にもとづく「現代アメリカ」をつくり出すうえで中心的役割を果たしたということになる。

では「現代アメリカ」の原型となった新しい秩序とはどのようなものであったのか。また、それをつくり出した革新主義運動の担い手はどのような人々であったのか、具体的に見るとしよう。

「現代アメリカ」のシステム

新しい秩序とは何か。ひと言でいえば、企業、政府、研究・教育機関が一体となって、科学的知識・技術を活用して、社会の発展を推進していくようなシステムである。それは政府の統制の下に、資本の力と専門家の知識を合わせて経済を発展させ、経済発展に付随する社会問題を解決し、さらに国際社会における国の安全を保障していく。革新主義の下で、このようなシステムにもとづいた「現代アメリカ」の基礎が確立したのだった。いうまでもなく、この「現代アメリカ」のシステムは白人男性主導の下につくられたのであり、人種・エスニシティのマイノリティや女性はその外に置かれていた。「現代アメリカ」は、黒人や女性たちの平等をめざす運動からの挑戦を受けはしたが、一九世紀以来の人種差別、ジェンダーの原理は、そのまま引き継がれ「現代アメリカ」社会のシステムに取り込まれたのであり、その意味で、強化されたともいえるだろう。

この二〇世紀初めのアメリカ社会に形成された「現代アメリカ」のシステムを、歴史家のオリヴィエ・ザンツの言葉から借りて「知的探求体制」と呼ぼう。彼によれば、アメリカは一九世紀末から、市場および軍事における有利な立場を確保するために、科学的な知識を活用することによってヨーロッパの経済、科学、技術における指導権に挑戦したのであるが、その際、巨大な体制のマトリックス（母型）をつくり上げてきたということである。そしてその体制は二〇世紀前半にわたって、アメリカの市場拡大やふたつの戦争を通して強化された。この「知的探求体制」とは、研究の最先端に立つ大学と実業界、さらに後になると政府資金の補助を受けた大学や大小の企業の研究所、公私の財団を加えた総体であり、これらの知識集団はばらばらの研究課題や研究組織を統合して、科学技術の発展と経済的繁栄という課題を追求してきた。ザンツはさらに、この体制のなかで、アメリカの産業家・経営者と科学者・技術者・在野の発明家が相互に協力し合い、これによって専門的知識を国民の日常的経済生活の進歩のために使うことが可能になったと述べる。この「知的探求体制」の下で国民の生活の質を向上させ「アメリカ的生活様式」を確立したアメリカは、後にこれを世界に広げていくことになったというのである。

「知的探求体制」は、いわゆる産学官共同体制と考えてよい。これに軍も加えた、企業、大学、政府・軍の各機関の協力による技術の開発およびその経済的軍事的利用は今日のアメリカでは当然になっている。そしてハイテク産業はこの体制なくしてはこれほどに発展することがなかったといえる。シリコンヴァレーの発展とスタンフォード大学の関係はその好例であろう。最近我が国でも、先端技術の発展、経済的利益の拡大のために、企業と大学などの研究機関における科学技術の専門家の、より積極的な協力体制の確立が求められているが、この起源は一〇〇年前のアメリカの革新主義にさかのぼることができるのである。

二〇世紀に入ると、一九世紀末のエディソンの研究所を嚆矢《こうし》とする企業の研究所が急増した。その数は、一九二〇年頃には八〇〇以上になり、そのうち七〇〇以上が二〇世紀になって設立されたものであった。市場における競争が激化するなかで、企業は他よりも先に新しい科学技術を開発する必要があり、そのために優秀な研究者を養成する大学などの研究機関に目が向けられた。それまでのような職人が偶然に生み出す発明や技術では間に合わなくなり、科学的体系的な方法による確実な科学技術の開発が求められたのである。企業の目的は、いうまでもなく利潤の追求にあったが、製品開発のために基礎的理論的科学研究が取り入れられる一方、逆に、大学などの研究にも新たな視点が与えられることになった。通信のAT&T、総合電機メーカーのジェネラル・エレクトリック、化学工業のデュポン社などは、シカゴ大学やマサチュセッツ工科大学、ジョンズ・ホプキンズ大学などの博士号取得者を多数雇用したが、このなかにはガス入り白熱電球の開発者で、一九三二年にノーベル化学賞を受賞したアーヴィング・ラングミュアも含まれていた。「知的探求体制」は新製品を市場に送り出しただけでなく、同時に、新しい知の需要と供給の市場をつくり出していたのである。こうした体制のなかの大学、企業、そして政府の間の知的人的交流は、アカデミックな研究機関としての大学のあり方を変えていった。「知的探求体制」の形成において主導的役割を果たしたのは、企業や科学技術者、知識人などであったが、これにさらに政府が加わり、また資本家は財団を設立して、「知的探求体制」を政治的にも財政的にも確固たるものにしていった。この「知的探求体制」が「アメリカの世紀」を可能にしたともいえるのである。

企業はこの体制を通して科学技術を人々が消費する商品に変え、利益を上げ、一般国民は消費の過程でこの体制に組み込まれていった。そして多様な国民が一様に消費生活を享受する大衆消費社会の出現は、アメリカ民主主義における平等の理念の現実化として受け止められた。したがって、革新主義がもたらした「知的探求体制」の新しい秩序は、企業、大学・研究機関、政府がそれぞれの目的を達成するための共同体制であると同時に、「現代アメリカ」の民主主義的秩序とも考えられたのである。

しかし、ここで忘れてならないことがある。それは「知的探求体制」をつくり出すうえで、中心となっていたのは知識・資本・政治権力の保持者たち、すなわち、それは白人中産階級以上の男性だったということである。したがって、「知的探求体制」は人種、階級、ジェンダーによって区別される黒人やマイノリティ、女性たちを排除、あるいは利用しながら構築されていったのだった。

革新主義の担い手とその中産階級的特質

革新主義運動は、階級、地域、性、人種などの異なる人々が多様な価値観や利害関係にもとづいて、世紀転換期から第一次大戦頃にかけて一斉に起こした、社会的経済的政治的な変革をめざした運動の総体である。したがって、それらのなかで、前述した第一、第二、第三のどの立場の人々に焦点を当てるかによって、見方が違ってくる。このために革新主義はアメリカ史上最も多様な意味に解釈されてきた争点となっているのである。革新主義の性質を知るには、改革的運動の多様な担い手の思想や行動についてより詳しく検討する必要がある。

革新主義は社会の様々な局面で改革運動として展開されたが、国全体としては、前述したような「現代アメリカ」の新しい秩序である「知的探求体制」を生み出した。この社会の新しい秩序形成を革新主義の中心的意義と考えると、その秩序をつくり出した人々、すなわち第三の立場に立つ人々が革新主義の中心的担い手ということになるが、それは、資本・知識を有する企業経営者・科学技術者や知識人などであり、中産階級だったということになる。

この中産階級とは、一九世紀の資本主義経済の急速な発展のなかで成長した新しい、ホワイトカラーと呼ばれる職業集団であり、第三の立場から革新主義運動を率いていったのは、中産階級のなかでも特に上層部に属する企業の管理・経営者、弁護士、科学技術者、大学・研究所の学者、医者などであった。

多様な革新主義者のなかには労働者や黒人も含まれてはいたが、ほとんどはいわゆるWASP《ワスプ》（白人・アングロサクソン・プロテスタント）か、幾世代も前にアメリカに移住したヨーロッパ人の子孫で中産階級が中心だった。アメリカ人の本流として建国以来のアメリカ民主主義の擁護者をもって任じる彼らは、急速な工業化・都市化、移民の流入による人口の多様化の進展、世紀末の労働争議の頻発や農民の反抗によるアメリカ社会の混乱に危機感を抱いていた。このようななかで、彼らは新しい時代に応じた秩序をつくり出し、社会を危機から救おうと考え行動を起こしたのだった。革新主義者には、特に第一の勢力に代表されるようないわゆる「進歩的な」立場から様々な個別の社会問題の解決を図ろうとする者、具体的には、貧しい移民のために働く者、腐敗した政治を浄化しようと戦う者、独占企業の規制を図る者、食品・薬品の衛生や安全を確保しようとする者、自然保護の必要性を訴える者、労働者の保護を主張する者などがおり、各自に運動を展開した。

彼らが運動を起こした理由として、貧困者に同情したり社会正義を守ろうとする人道主義・理想主義に立つ利他的動機、正義感も否定できないが、自分たち自身の社会における相対的地位の低下に対する不安が重要な要因になっていた。一九世紀後半に興隆した新興の事業家や移民をはじめとする地域住民の票を握るボスと結託した政治家が社会において実権を持つようになり、また、労働者や農民がその力を示すなかで、彼らは、自分たちがかって持っていた政治的社会的な影響力の喪失を感じ、つまり「地位についての不安感《ステイタス・アングザエティ》」を抱き、自分たちの社会における重要性を取り戻そうとして、社会運動に乗り出していったのである。

こうした革新主義者も含めて、全ての革新主義者たちに共通して見られたのは、まず、科学信奉の態度であった。理性的科学的合理的な方法によって問題を解決し、社会を進歩させることができるとの信念を抱いていたのである。また、彼らは一般に、WASPの優越性を信じ、人種差別に関しては、無関心か、あるいはこれを優生学などの彼らなりに「科学的」と考える根拠にもとづき肯定していた。

さらに、彼らは社会的地位を強く意識していた。これを広い意味での階級意識ということもできるだろう。つまり、WASPの中産階級としての自分たちの地位を強く意識し、独自の生活様式、価値観を保持することによって、その地位を確認し、守ろうとしたのである。革新主義運動への参加は中産階級への所属の証《あかし》にもなった。彼らの多くは二〇世紀初めには郊外に住むようになり、そこで独自の価値観やマナーにもとづいた彼らに共通の生活様式を確立し、中産階級としての自分たちの世界を築いた。こうした郊外が自分たちの階級的地位を保証し、それによってアメリカ民主主義を擁護することになると信じたのである。そして、快適で清潔な住居、立派な家具・調度品を所有し、一定水準の教育を受け、民主主義政治を理解し、規則正しく勤勉に働き、家族を大切にする態度や生活様式が、次第に中産階級的生活様式として定着した。これは、消費文化の発展と結びつき、アメリカ的生活様式と同一視されるようになった。家庭に置かれた女性たちにとっては、当然のことながら、この中産階級的生活様式を守ることが重要な役割となったのである。このことはすなわち、アメリカ的生活様式の形成において女性たちが中心的役割を果たすことを意味していた。郊外に住みアメリカ的生活様式を築いたWASPの中産階級の人々は、他の人種・エスニシティ、階級の人々をその居住区から排除し、彼らと一線を画した。そして自分たち中産階級の基準に沿って、異質な要素を排除しあるいは吸収して同質のアメリカをつくっていこうとしたのだった。

革新主義の多様な展開

多様な担い手によって展開された改革の内容は多様であった。しかし彼らは社会が抱える多くの問題を、自分たちの理性によって解決できると信じている点では一致していた。どのような問題があるのか、問題を具体的に示し、できるだけの情報を集め、それに対して合理的科学的な解決法を図るというやり方は彼らに共通したものだった。その際、大きな役割を果たしたのが一九〇〇年代に登場したマクレーカーと呼ばれるジャーナリストたちである。マクレーカーは「汚いものばかりをほじくり出す人間」という意味であるが、彼らは政治家の腐敗、企業の横暴、ボスに支配された政治、都市の貧困などを調査し雑誌に書いて暴《あば》き立て、社会に訴えた。なかでも、リンカン・ステフェンズは各地方都市の政治的腐敗を明らかにし、アイダ・ターベルはジョン・D・ロックフェラーが巨大トラスト、スタンダード石油をつくるまでに他の競争相手をいかにしてつぶしていったかについて詳細に報道し、そのほかに、鉄道や鉱山における労働者の搾取《さくしゅ》、生命保険業界や合衆国上院の腐敗なども暴露された。今日のテレビのワイドショーのセンセーショナルな報道ぶりと比べると私たちには退屈に感じるものが多いかもしれない。しかし、当時は雑誌が人々の重要な娯楽であるとともに情報源であり、人々はこうしたマクレーカーの記事を通して、社会の問題を知りこれに衝撃を受け義憤を感じたりしたのである。

マクレーカーが暴露したような様々な問題は、個人や機関によって詳細に調査され、これにもとづいて社会科学の知識も活用して改革が進められていくことになった。都市政治の腐敗の原因は、ボス政治家の支配にあるとの認識から、行政に関する政治家の影響を減じ、都市の行政を選挙によって選ばれた少数の専門家の手に委《ゆだ》ねたり、市議会が行政長官として専門家を雇ったりするなどの市政改革が各地で行われた。都市政治を政党色の強いボス政治家の手から解放し、無党派と考えられる専門家に任せるという改革は、これによって合理的能率的な政治を行うという意図があったが、今の日本の「リストラ」を彷彿《ほうふつ》させる。

　こうした市政の構造的改革は企業経営者や専門職の者、知識人などには歓迎されたが、労働者たちから見ればむしろ非民主的な動きであった。ボス政治家たちは、自らも移民出身であることが多く、ほとんどが移民からなる労働者たちと日常生活において直接間接につながり、彼らの日常生活の要求を汲《く》み上げていた。しかし、中産階級の専門家の手に渡った都市政治は、一定以上の教育がないと理解しにくいこともあり、一般の労働者からは縁遠いものになってしまった。だからといって、都市の改革が労働者の問題を無視したというわけではなく、専門家、そして中産階級の立場からではあったが、住宅問題や衛生状態の改善や、公園の設置、職業訓練などを通して移民や労働者たちの生活の向上を図ろうとした。

　都市問題改善の動きに大きな影響を与えていたのは、人道主義ないし正義にもとづいて自分たちの信条から活動を行っていた、前述の分類に従えば、第一の立場に立つ人々であろう。彼らは、貧困者や移民、児童労働、女性労働者、街の衛生状態などに関心を持ち、積極的にこれらの問題について調査しデータを集め、政府の力を使って解決を図ろうとしていた。こうした改革者たちのなかで重要な役割を果たしていたのは女性である。当時、ある程度の教育を受けた中産階級の家庭の主婦たちは、出生率低下に見られるように子供の数も減り、移民の家政婦の雇用によって家事も軽減され、家庭外の活動に自分の生き甲斐を見出す余裕も出てきていた。また、高等教育を受けた女性が就く職業といえば教師ぐらいしかなかった当時、社会的な活動は魅力があったのである。

ここで、第一の立場からの改革運動のなかでセツルメントを取り上げることにする。セツルメントは革新主義の特徴をよく表しているし、また、革新主義運動のひとつの中心ともいえるからである。なかでも最も有名なのはジェーン・アダムズがシカゴのハルハウスで行った活動である。アダムズは、篤志家から提供された建物ハルハウスに仲間とともに住み、地域の移民たちにアメリカでの生活に必要な知識や技術を教えたりしながら彼らの生活を助けた。その内容は、アメリカ的な生活の仕方や言語を教えたりして移民たちのアメリカ化を進めるものであったが、移民たち独自の文化も重視した点は特筆すべきであろう。注目されるのは、ハルハウスのジェーン・アダムズの周囲に当時の進歩的な知識人が多く集まったことである。たとえば、教育家ジョン・デューイ、歴史家チャールズ・ビアド、後の労働長官フランシス・パーキンズ、フェミニズムの思想家シャーロット・パーキンズ・ギルマンなど有名な知識人が滞在し、また消費者運動の指導者フローレンス・ケリーはセツルメントの住人として活動を行っている。ハルハウスは当時の進歩的知識人のたまり場、一種のサロンのようにもなり、参加者たちは、そこで実践的体験や理論的研究の成果を交換しながら知的刺激を与え合っていた。これも、革新主義に共通に見られた科学的知識にもとづく改革的態度の一端である。

第二の立場に立つ社会主義者や急進的労働運動家たちは、革新主義運動への直接的影響という点では大きかったとはいえないが、間接的に刺激を与えていたことは否めない。事実一九一二年の大統領選挙では、社会党の候補者ユージン・デブズが一〇〇万票近くを獲得したが、これは一九〇〇年の得票数の一〇倍だった。この年、市町村や州議会の選挙でも社会党は全国的に躍進している。社会主義者や急進的活動家たちは、資本主義や伝統的な道徳の枠をはみ出した思想を表明したり行動を起こしたりしていたが、サロンなどに集まり意見を交換したりもしていた。なかでも有名なのはニューヨーク、グリニッジ・ヴィレッジのメーベル・ドッジの家で開かれたサロンだった。一九一二年から三年余りの間、そこには当時のアメリカを代表する急進派が全てといっていいほど集まり、メンバーの顔ぶれのまばゆさは豪華なサロンのシャンデリアに勝るとも劣らなかったといわれる。まず、ユージン・デブズ、記者としてロシア革命を目撃し、その後ソ連政府のために働いたジョン・リード（ウォーレン・ビーティ監督・主演の映画「レッズ」は彼が主人公である）、無政府主義者で自由恋愛の主唱者エマ・ゴールドマン、急進的な労働組合である世界産業労働者組合（IWW）の指導者ビル・ヘイワード、産児制限普及運動で有名になったマーガレット・サンガー、アメリカを代表する社会評論家となるウォルター・リップマンなどが含まれていた。これだけのメンバーとドッジ夫人の資金をもってすれば革命さえも起こせそうに思えるが、彼らは組織で行動するよりは、個人的に行動する自由な思想家、活動家であった。

革新主義運動のなかで決定的な力を持っていたのは、前述した、財界・政界に関係する第三のグループである。彼らは、特に第一の立場からの改革的要求を受け容れたりしながら、混沌とした経済活動に秩序を与え、また政府の組織を能率的に編成し直したりしたのである。この革新主義の動きは、先に触れた市町村の政治改革から州政府に波及し、最終的には、次に述べるように連邦政府レベルで様々な政策として展開され、国全体に新しい秩序を与えることになった。

革新主義政策の実施

革新主義による新秩序形成は、連邦政府の具体的政策を通して完成されることになった。連邦政府が動き出す前に、各州レベルでの改革が展開され、これが大きな推進力となっていた。特にウィスコンシン州における改革は他の州のモデルとなった。ロバート・ラフォレット知事の下で、同州では、州民発議、州民投票による立法の制度、鉄道やその他の企業に対する規制、相続税の導入などの政策を通して、政治の民主化や経済の平等化が進められていった。

連邦政府は、一九〇一年九月、暗殺されたマッキンレーの跡を継いで就任した四二歳のセオドア・ローズヴェルト大統領の下で、革新主義政策に乗り出していくことになった。米西戦争以来の英雄でもあるローズヴェルトは、彼独特のスタイルで、いくつかの局面で重要な革新主義政策を華々しく展開し、大企業と戦う大統領との印象を国民に与えたが、実際には大企業を敵視したわけではなくむしろこの力を重視していた。その意味でも、彼は、企業と政府と専門家が一体となって社会の新たな秩序をつくり出す革新主義者だったのである。ローズヴェルトはJ・P・モーガン率いる鉄道持株会社ノーザン・セキュリティーズ社、アメリカ煙草会社、デュポン社、スタンダード石油などの大トラストを告訴したことで、「トラストバスター」の勇名を馳せたが、企業合同自体に反対したわけではなく、彼自身が見て「悪い」と考えたものを解体しようとしただけだった。企業の規制を図ろうと設立された商務省内の企業局は、その目的は企業の活動に秩序を与えることにあり、これにはJ・P・モーガンのような指導的な企業家の賛同も得ていた。また、一九〇二年に炭鉱でストライキが起こったときには、労働者側の賃金上昇、労働時間短縮、安全確保などの要求に対して、企業側に公正な態度を示すようにと呼びかけ、ホワイトハウスに労使双方を招いて交渉させた。

これまでのストライキに対する連邦政府の介入は一貫して雇用者の側に立つものだったので、ローズヴェルトは労働者の味方との印象を与えた。しかし、彼は労働組合の存在には反対であり、雇用者の頑迷な態度に業を煮やし、彼自身の正義感から混乱を収拾しようとしたのである。

自然保護の運動は革新主義を代表するもののひとつであるが、ローズヴェルトもこれを政策に取り入れた。彼は、自然保護家ジョン・ミュアのような、森林などの自然をいかなる人間の利用からも守るという立場ではなく、開発をしながら保護するというジフォード・ピンショの立場を支持した。そしてピンショを合衆国森林局長に任命し、国有林を指定、保護していった。絶対的自然崇拝ではなく、合理的科学的に開発することによって人間が利用するための自然を守るという革新主義的な考え方をよく表している。

図8　ヨセミテ国立公園に立つセオドア・ローズヴェルト（左）**とジョン・ミュア**

ローズヴェルトは、企業活動の規制、自然保護や食品・薬品の規制などの政策を通して、経済活動への政府の介入を進め、自分自身の人気を背景に強い政府を浸透させていったのだった。

一九〇九年にローズヴェルトの後継者として大統領に就任したウィリアム・ハワード・タフトは、前任者以上にトラスト訴訟を多く行い、国有林を広げ、工場労働の安全、連邦児童局の設立など社会福祉関係の立法に努め、革新主義的政策を継続したが、保守的な大統領と評価されることになってしまった。彼自身革新主義の理念を持っていたわけでもなく、所得税制を決めた憲法修正（一九一三年、修正一六条として成立）を不承不承支持したり、上院議員の直接選挙の憲法修正（一九一三年、修正一七条として成立）に冷淡な態度を示したりした。また、自然保護についても、ローズヴェルトが任命したピンショを罷免《ひめん》して自然保護論者やローズヴェルトと対立するなど、革新主義者たちの反発を買うことになってしまったのである。

一九一二年の選挙では、共和党からタフト、新たに結成された革新党からローズヴェルト、民主党からウッドロウ・ウィルソンが大統領に立候補し、ウィルソンが勝利したが、どの候補も革新主義的公約を掲げていた。また、社会党が善戦したことも注目される選挙だった。革新主義は連邦政府レベルで政策として定着したのであるが、その基本的考えを表していたのが、ローズヴェルトの「ニューナショナリズム」とウィルソンの「ニューフリーダム」だった。

ローズヴェルトは、「今日国家が直面する重大な産業の問題を科学的に解決するためには」企業の集中は避けられず、企業間の協力によって無駄な競争を省き、公共の利益のために政府が積極的に経済的規制を行う「ニューナショナリズム」を提唱した。この考え方には、アメリカの未来は計画的に構築されなければならないとの議論を展開した政治理論家ハーバート・クローリーの影響が見られた。他方ウィルソンは、大企業には批判的であり、より自由な経済競争を確保するためにトラストの規制が必要であり、「アメリカにとってのニューフリーダムを獲得するために自由の力を結集しよう」と呼びかけた。

ローズヴェルトが、強力な政府の指導の下に効率的な大企業が国家の利益の追求に向かって活動していくような社会を描いたのに対し、ウィルソンは、政府が大企業を規制することによって、個人の自由を最大限に生かすような社会を理想に描いていたという違いがあった。しかし、実現のためには強力な政府が必要であるという点、大企業の協力を必要としている点、また現実に大企業も経済活動における一定の秩序をもたらすために何らかの規制を欲している点に変わりはなく、ウィルソン政権においても、ローズヴェルト政権同様、実業界との協力体制は重視された。税制の面では、関税率を大幅に引き下げ、減収分を富裕層からの所得税で補塡《ほてん》し、製造業に不利な政策をとったが、金融政策では通貨・金融の安定を望んでいた実業界の要望に応え連邦準備制度を設立した。一方では中央集権的な銀行制度、他方では銀行の分散を望む様々な要求があるなかで成立させた妥協策だった。今日まで続いているアメリカの銀行制度であり、政府によって任命されたワシントンの連邦準備委員会が公定歩合の決定などを行い、その下に全国一二の地域に置かれた連邦準備銀行（FRB）を統括するという制度である。ウィルソンはクレイトン反トラスト法を支持して、トラストの規制内容を明確化すると同時に、それまで規制の対象とされていた労働組合のストライキなどを反トラスト法の対象からはずすことにした。この法律は、企業には規制内容が明確になったことで歓迎され、労働者からは「労働者のマグナカルタ」として受け容れられた。ローズヴェルト、タフト、ウィルソン政権において展開された革新主義の具体的政策を通して、政府主導の下での企業の規制、専門家の協力という「現代アメリカ」の体制が整備されていったのである。一九一四年に勃発《ぼっぱつ》し、アメリカが巻き込まれた第一次大戦は、この体制をいっそう強化することになる。

海外発展

革新主義時代には外交においても、「現代アメリカ」の原型が形成されたといってよいだろう。政治・軍事力、経済力、理念とが一体となったアメリカ外交がローズヴェルト、タフ

図９　パナマ運河の建設

ト、ウィルソン政権を通して完成されたのである。そして、その外交が大規模なかたちで適用されたのが、第一次大戦だった。

米西戦争当時から帝国主義を唱えていたローズヴェルト大統領の下で、アメリカは国際政治のなかに組み込まれていった。ローズヴェルトは、国益を守るために強力な軍事力を背景にした外交を展開したが、それはカリブ海において最も典型的に見られた。

アメリカは戦略的に重要な中央アメリカ地峡での運河建設に関して、イギリスとの条約によって独占権を獲得していた。しかし、運河の建設地となったコロンビアの議会は運河地帯の租借権をアメリカに与える条約の批准を拒否した。ローズヴェルトは、一九〇三年、パナマの住民による反政府運動を利用して、運河地帯の租借権を得てしまった。アメリカ海軍を派遣してパナマ地域の運動を支援し、コロンビアから独立したパナマ共和国と条約を締結し、運河地帯の租借権を一〇〇〇万ドルで獲得したのである。

カリブ海諸国は政情も財政も不安定で、投資家の権利を守ろうとするヨーロッパ諸国の干渉を招いていたが、ローズヴェルトはヨーロッパの影響力を排除するために軍艦を派遣した。一九〇四年、ドミニカ共和国の財政危機に際して合衆国は軍事介入したが、ローズヴェルトはこれに関して、一八二三年のモンロー宣言（ヨーロッパのアメリカ大陸不干渉の原則を示した）を拡大解釈し、合衆国は外部からの干渉を招きやすい西半球の慢性的悪行を防ぐために棍棒を振るって警察官としての役割を果たさなければならないのだと説明し、アメリカの行為を正当化した。これはモンロー主義の「ローズヴェルト系論」と呼ばれ、ラテンアメリカ支配の根拠に使われた。

ローズヴェルトは極東にも大きな関心を抱き、勢力均衡の立場から、日露戦争までは日本に好意を示していたが次第に日本の勢力拡大を抑えることに苦慮するようになった。太平洋地域における日米の対立関係を理解し、日本に対してアメリカの力を誇示する一方、国内の日本人移民排斥運動が両国間の関係悪化につながらないように外交努力を行った。一九〇八年には、世界周航に出した合衆国艦隊を日本に立ち寄らせたが、これは友好訪問というよりは軍事的な威嚇を意図していた。

ローズヴェルトはまず、西半球の足場を固め、アジアにおいてはロシアに取って代わった日本と妥協を図り、ヨーロッパではイギリスとの友好を深め、アメリカの国際的影響力の拡大に努めた。しかし、西半球では力をむき出しにした「棍棒外交」が反米感情を高め、日米間は移民問題も含めて溝が深まり、ヨーロッパではイギリス側へ与《くみ》し、ドイツと対立しつつあった。彼の跡を継いだタフトの外交は「ドル外交」として知られる。タフトは「弾丸ではなくドル」による膨張政策を主張し、積極的に資本家の対外投資を支持する政策をとった。しかし実際は、カリブ海で資本家保護のために軍事介入を行い反米感情を燃え上がらせた。また、中国においてはローズヴェルトが成立させた勢力範囲に関する日本との協定に反して、アメリカ資本の進出を推進し、ローズヴェルトが避けようとした日米関係の悪化を招いた。

ウィルソンは国務長官に反帝国主義者、平和主義者をもって任じるウィリアム・ジェニングズ・ブライアンを任命し、ローズヴェルト、タフトにおけるような軍事力や経済力によって海外進出を図る外交に代わり、アメリカの道徳的影響力を世界に広める「宣教師外交」を展開した。中国に対しては、資本家の投資活動を政府が推進するドル外交廃棄の姿勢を示し、西半球においては友好と信頼の関係を築くことを強調し、コロンビアとの間に、パナマに関する陳謝と補償金支払いを規定した条約を締結し、和解に努めた。ウィルソンとブライアンは、外交においてもアメリカの民主主義の理念にもとづいた政策を一貫させなければならないとの立場に立ち、平和は力でなく道徳的拘束力によって維持されると信じたのである。しかし、現実には、道徳に即したはずの政策が軍事介入をともなったり、資本家の投資活動を保護するものとなることが多かった。これは、カリブ海やメキシコにおいて最も顕著に現れた。ニカラグア、ハイティ、ドミニカなどにおける軍事介入は、直接には投資家保護のためであったが、後進地域に民主主義を教示するという道徳的立場が強調されていた。また、一九一〇年のメキシコ革命後、アメリカは、一九一四年と一六年に民主主義勢力を助けるという立場から軍事介入し、メキシコ人の反米感情が高まった。

ウィルソン政権はドル外交反対の方針を打ち出したにもかかわらず、カリブ海においては、投資推進、資本家の利益保護、必要なときには軍事介入という、前政権のドル外交政策をそのまま継承し、これに道徳的意味づけを与え、実質的にはドル外交が積極的に展開されるという皮肉な結果をもたらした。中国においても、日本の力を牽制する手段としてドルの投入を図ろうとする面もあった。「宣教師外交」は民主主義の擁護・伝播《でんぱ》という道徳的観点が強調された点では、軍事力を外交の基盤として重視するローズヴェルトやドルを海外進出の手段にしようとしたタフトの外交と異なっていた。しかし、実際には、前政権と同様に海外への経済進出を図り、軍事力も行使し、さらに道徳的な意味づけを行うことによって、アメリカ膨張政策を完成させたということができる。これはまさに、政府、企業が一体となって経済発展を推進することが民主主義を発展させるという「現代アメリカ」システムの意図するものに通じていた。

総力戦となった第一次大戦への参戦は、「世界の民主主義を守るために」行われた。つまり、この戦争では軍事力、経済力と理念が一体となった「現代アメリカ」外交が実際に試されたのである。結果は成功であり、アメリカは国力を増大させ、終戦時には債権者として世界経済を支配し、政治的発言権も握る立場に立っていた。

しかし、戦争はむしろ国民に幻滅感を与えていた。「民主主義を守るために」戦ったはずの戦争の後もヨーロッパ列強や日本の植民地支配は続いた。また、資本主義に敵対するソ連が成立し、敗戦国ドイツは巨額の賠償金を課せられ、国際平和についての不安は尽きなかった。しかも、ウィルソンが国際紛争の平和的処理の一切を託した国際連盟にアメリカは参加しなかった。自国の行動が縛《しば》られることを嫌う孤立派と、政治的にウィルソンと対立する共和党の勢力とによってヴェルサイユ条約の批准が阻《はば》まれたのである。

革新主義の今日的意味

革新主義時代に出てきた問題や思想、運動はそのまま今日のアメリカ社会でも重要な問題になっているものが多い。なかでもフェミニズム、人種・エスニシティの問題、文化多元主義・多文化主義、消費文化などに関しては、基本的な方向が革新主義時代につくられたといえる。また、外交に関しても、革新主義外交は「現代アメリカ」外交、今日のアメリカ外交の原型を築くことになった。さらに、革新主義は、国民をひとつの巨大な「現代アメリカ」のシステムに組み込んでいった。

まずフェミニズムに関していえば、この時代は女性参政権運動が成果を上げ、また産児制限普及運動が活発化し、さらに、現代のフェミニズムにとっての先駆的思想が展開された。そして、これらは前述したような革新主義運動に参加していた多くの女性たちによって支えられていた。

女性参政権は、革新主義のもとで、消費者、母親・主婦としての立場から様々な社会的改革を要求していた女性たちが改革実現のために投票権が必要だと認識するようになり、支持者を大きく広げた。一九一〇年代には、キャリー・C・キャット、アリス・ポールなど有能な指導者も得て運動は急速に進み、一九二〇年には実現の運びとなった。今日では当然のことになっている産児制限も、この時代に、普及のための運動がマーガレット・サンガーによって開始された。あのメーベル・ドッジのサロンでエマ・ゴールドマンに出会い大きな刺激を受けたのである。サンガーは一九一〇年代に貧しい子だくさんの女性たちを救おうと産児制限の普及活動を行った。避妊についての情報を広めようとしたことで猥褻罪《わいせつざい》に問われ投獄されたり、医師会の反対に遭いながらも運動を続けた。産児制限が一般的に認められるようになるのは一九二一年のことであるが、これは、貧しい移民や黒人に劣悪な子孫を多くつくらせないためにも産児制限が必要だとする優生学的議論を用い、中産階級や医師会の支持をとりつけたことに多くを負っている。サンガーは二〇年代には日本にも来て、世界に産児制限を広めるために働いた。

今日のフェミニズムとの関係でもうひとつ触れておきたいのは、シャーロット・パーキンズ・ギルマンである。前章で述べたように、一九世紀末から執筆活動を通して伝統的な性役割に真っ向から挑戦していたが、二〇世紀初めにも活動を続け、一九六〇年代以降のアメリカのフェミニズムの先駆的思想家となった。ギルマンの考え方には、育児や家事は専門家に任せるなど合理的科学的、中産階級的傾向が見られ、フェミニストたるギルマンが革新主義の土壌から出ていたことがよくわかる。

人種・エスニシティによる差別は現代も重要な問題である。移民が多く入ってきた革新主義の時代は今日と重なる。当時は、メルティングポット（人種の坩堝《るつぼ》）のたとえのように、移民をアメリカ化しアメリカのなかに溶け込ませることは、国家にとっても移民にとっても最善の策であると移民の受け入れを支持する者は信じ、そのために教育を中心に様々な活動が行われた。しかし坩堝に溶け込むことのできない移民、すなわち日本人や中国人などの非ヨーロッパ系移民は排除するという傾向が強く、特に西海岸では一九〇〇年代、一九一〇年代盛んに日系移民に対する排斥運動が展開された。今日では、移民をアメリカに「同化」させるべきか、そのまま民族のアイデンティティを保持したままアメリカ社会に組み込むべきかで意見が分かれる。後者の背景にあるのは、多文化主義の興隆であるが、実はこの多文化主義の起源は革新主義の時代にあった。どの民族・人種の文化も同様に尊重し、アメリカの統一よりは多様性を重視する多文化主義は一九八〇年代頃から特に広がったが、それ以前にもアメリカの統一のなかの多様性を重んじる文化多元主義の考え方は存在していた。革新主義の時代にはこの文化多元主義の考え方がホレース・カレンなどによって理論化される一方、もう一歩進んだ、国家としてのアメリカの境界を超えるコスモポリタン的な考え方もランドルフ・ボーンによって展開されたのである。今日の多文化主義はこれらふたつの流れを引き継いでいると考えてよいだろう。

アメリカの政治、経済を動かしているのは中産階級であることは今日の常識であるが、中産階級が確固たる地位を築いたのは革新主義運動を通してだったといってもよいだろう。政治、経済、社会の改革運動を通して社会における発言権を増し、また、自らのメンバーによる「知的探求体制」を構築することにより社会の構造そのものを中産階級の力が発揮しやすいかたちにつくり上げたのである。こうした中産階級は自分たちの地位を確認し体面を守るために、共通の価値観、生活様式（アメリカ的生活様式）を保持しようとした。具体的には、アメリカの民主主義、勤労の精神、郊外の清潔な住居、豊かな消費生活などが中産階級であることの証《あかし》となった。したがって、この時代に広がった消費文化を支えていたのは中産階級でもあった。ある種類の自動車や一定の居住区における住居の購入のような、中産階級としての地位を確認する消費行為は今日のアメリカ人に普通に見られることであるが、それも、この革新主義の時代から盛んになったことである。

今日のアメリカの外交政策が政治・軍事力、経済力、理念が一体となって進められていることはいうまでもないが、この「現代アメリカ」外交の原型も、革新主義時代のローズヴェルト、タフト、ウィルソン政権を通して築かれたものであった。第一次大戦はこれを確立したといえよう。

革新主義はどのような立場からであれ、民主主義を取り戻すという大義名分のために展開され、そのために、運動の過程において世論を重視し、情報の収集、伝達に努めた。そしてメディアは、革新主義の築いたシステムにおいて不可欠な存在になり、その発達とともに、情報を支配し世論を操作する力さえ持つようになった。一方、「現代アメリカ」社会の組織化が進み、財界、政界、労働組合、各種圧力団体などが発言権を競い合うようになると、個人としての国民はそのなかに埋没してしまい、政治的意見を表明し、これを通すことは難しくなってしまった。つまり、革新主義者たちが民主主義を推進するために利用したメディアや彼らが築いた新しい社会秩序は、進化するにつれ、かえって国民を政治から遠ざけることになったというわけである。一九一二年、ウィルソンは今やアメリカ国民は「物事の成り行きをどうすることもできないと感じるようになっている」と述べているが、これは今日のほとんどのアメリカ人が感じていることであろう。

第3章 大衆消費社会の展開——一九二〇年代

大衆消費社会

第一次大戦後の一〇年間は、狂騒の二〇年代、ジャズの時代、またニュー・エイジなどといわれるが、それらは大衆消費社会の産物であった。科学と企業が協力して生み出した自動車や電気製品、映画などに代表される新しい物や文化をアメリカの大半の人々が享受する社会が出現したのである。一九二〇年代、アメリカの国民総生産は年五パーセント以上成長し続け、インフレはほとんどなく、ひとりあたりの所得は三〇パーセント以上増えた。こうした経済の拡大をもたらしたのは、科学技術と産業が有機的に結合し、これを政府が支持する「現代アメリカ」のシステムであった。革新主義時代に形成され整備された「現代アメリカ」のシステムは未曾有《みぞう》の経済的繁栄を実現したのである。その経済繁栄に欠かせなかったのは、消費者として成長した中産階級の存在だった。

大多数の人々が生活必需品以外の商品を購入し、レジャーを楽しむ金銭的な余裕があるという社会が世界史上初めて出現した。一九二〇年代中頃のアメリカの中産階級の家庭では、自動車、ラジオ、蓄音機、洗濯機、掃除機、ミシン、電話があるのが普通になっていた。街には様々な商品があふれ、人々は流行の既製服、腕時計、レーヨンの靴下、缶詰めや瓶詰めの食品、耐熱食器などを購入した。そして、家族経営の小売店に代わって、全国的にチェーンを展開するセイフウェイやA&Pのようなスーパーマーケット、ウルワースやJCペニーなどの安売り店やデパートが各地に開店し売り上げを伸ばした。人々が、レストラン、美容院などを盛んに利用するようになったのもこの頃であり、都市ではほとんどの家庭が週一回は映画を見に行った。また、大都市では競って高層ビルが建設され、一九三一年にはニューヨークのエンパイア・ステート・ビルも完成している。

人々に消費を促すうえで大きな役割を果たしたのは宣伝であった。広告産業は世紀末に興隆したが、二〇年代になると、単に製品を宣伝するだけでなく、様々な手法を使って大規模に展開していった。生活のスタイルや衣服の流行を人々に教え、心理作戦に訴えて製品の需要をつくり出し、人々の物質的欲求を支配するようになったのである。そして、人々は手持ちの資金が少額でも購入することが可能な分割払いによって、欲求を満たすのだった。一九二〇年代に売れた自動車の八〇パーセントは分割払いだった。

市場にあふれる製品を売るために人気俳優やスポーツ選手を宣伝に使うのが盛んになったが、このことについて、当時の代表的な広告業者エドワード・バーネイは、評価は個人でなく集団が決めるものであるから、広告はまず集団の指導者、つまり人気スターを通して訴えるのが効果的であると説明した。そして、「平均的人間は我々が教えるまで、何が欲しいか知らないのだ」と述べている。広告の時代の到来である。

一九二五年、『誰も知らない男』がベストセラーになった。これを書いたのは宣伝マンのブルース・バートンであり、誰も知らない男とはイエス・キリストのことだった。バートンによれば、キリストは史上最高のセールスマンであり、「現代のビジネスの創始者」だというのである。「聖書にあるキリストの話には良い宣伝がどうあるべきかのエッセンスが詰まっている」とし、さらに、一二人の使徒については、「仕事の面では最下位にいた男たちを選んで組織し、彼らに世界を征服させた」と述べている。

二〇年代は、ラジオ放送、映画、電話の普及が進んだが、これは人々の生活に与えた影響から見ると、今日のコンピューターがもたらしたものに匹敵する情報革命だった。広告業も新しいメディア、また従来のメディアのあり方の変化によって大きく成長することができたのである。新聞の種類は減り全国紙の発行部数が増え、雑誌も全国の読者を対象にしたものが支配的になり、人々は同じ内容の記事を読み、広告を見るようになった。また、一九二〇年に始まったラジオ放送を通して同じ音楽、ドラマ、ニュース、コマーシャルを聴き、映画館では同じ映画を見て感動するのだった。こうして人々は少数の発信源から情報を得るようになり、国民の知識や嗜好《しこう》も画一化されていった。

映画について見ると、一九三〇年には人口一億二〇〇〇万のアメリカで週に一億枚の切符が売れていたというからいかに頻繁にアメリカ人が映画を見ていたかがわかる。全年齢層を含めてだいたい週一回映画館に通っていたことになる。映画は一九一三年以降はハリウッド

図10　ルドルフ・ヴァレンティノ　最も有名な主演映画「シーク」（1921）の一場面

で制作されるようになり、次々にスターを生み出していった。性的魅力あふれるルドルフ・ヴァレンティノ、純真なアメリカの恋人メアリ・ピックフォード、社会を風刺するコメディアンのチャーリー・チャップリンなどは世界中に知られた顔になった。

経済的繁栄、大量生産、広告業、新しいメディアによって大衆消費社会は飛躍的に発展した。アメリカ人は「我消費する、故に我あり」と、自分の存在意義を確認するかのように商品を買った。こうした大衆による消費は、民主主義と資本主義による経済の発展をめざす「現代アメリカ」のシステムにとって不可欠であり、その意味では「現代アメリカ」の成功であった。こうした消費が大衆に広がることで、アメリカ社会の貧困はなくなり、階級、民族・人種による人々の違いは解消する、全ての人々に豊富な物を提供するアメリカでは対立も矛盾もないと信じる人々もいたのである。

自動車のもたらしたもの

この大衆消費社会を代表したのは何といっても自動車だった。自動車を見るだけで、この時代の産業、人々の生活、アメリカ社会・文化の変化の全貌が見えてくる。

自動車は二〇年代以降のアメリカの産業拡大を支えた。自動車産業の拡大は他の鉄鋼、ガラス、ゴム、石油などの産業拡大を促し、道路網の建設を進めた。そして道路沿いにはガソリンスタンド、レストラン、モーテルなどサービス産業が栄え、郊外では住宅産業が発展するという具合に、各産業に波及し、アメリカ経済の成長をもたらした。

どの産業においても大量生産にはベルトコンベアーによる流れ作業が、今日では当たり前になっているが、この流れ作業を最初に効果的に導入したのがヘンリー・フォードの自動車工場だった。能率、生産性向上の専門家フレデリック・テイラーの理論を実践したものであり、このテイラー・システムによって二〇年代アメリカの製造業の生産性は急激に上昇し、労働者人口はほとんど増えなかったが生産量は二倍に増加した。

フォードは、利益を上げるためには、自動車の価格を下げることと労働者に高賃金を支払うことが必要であると考えた。自動車の価格はフォード・モデルTの大量生産により、一九二五年には二八五ドルにまで下げることができたが、これは、当時平均年収一二〇〇ドルの労働者や二〇〇〇ドルのホワイトカラーが買える値段であった。一九二一年から二五年までに売れた新車の半分はモデルTだったという。フォードは労働者の賃金を世界最高の水準に引き上げることにより、労働力の供給を安定させた。流れ作業は生産性を高めたが、労働者には単調で疲れやすい職場を嫌い欠勤したり辞めたりする者が多かったのである。ミシガンの農村から出てきて富を築き、しかもアメリカ国民に安価な自動車を提供し、労働者には高賃金を支払うフォードは、国民の英雄となり、その名前は大統領候補にも上った。彼は自分のルーツである農村に残存する古いアメリカの価値観を守る立場に立ち、新しい消費文化を非難し、移民を排斥し、反ユダヤの新聞を発行したりした。しかし、その古き良き農村の文化を破壊していったのが、彼自身が推し進めたモータリゼーションだったのは皮肉である。

かつては少数の金持ちの持ち物であった自動車を、一九二九年にはアメリカ国民の約四・九人にひとりが所有するようになり、人々の生活、アメリカ社会は大きく変わった。多くの人々にとって車を持つことは、家や電化製品などの新製品を持つことよりも大事に思えた。自動車の所有は中産階級のシンボルとなり、労働者は金持ちと同じ道路で同じ景色を楽しみながらドライブをし、アメリカの夢の実現を肌で感じた。若者は親の目の届かないところでデートを楽しむようになり、「車に乗ったベッドルーム」の悪影響を懸念する声も聞かれた。人々は風呂桶を備えた浴室より車を持ちたがり、二〇年代終わりには風呂桶の数よりも車の台数の方が多くなったが、これについてある農村の女性は、「風呂桶では町に出かけられないでしょ」と説明している。一九六〇、七〇年代頃の高度成長期の日本でも、車で風呂屋に乗りつけるという話をよく聞いたものだった。

通勤や買い物に自動車が使われ、郊外が都市の外に大きく伸びていった。この頃発展した代表的な都市がロサンジェルスであり、そこには多数の居住区やショッピング区域が高速道路などの道路網で結ばれている、延々と広がる都市ができあがった。しかし、郊外の発展は不平等の拡大を意味していた。自動車の普及は各階級に平等に広がり、民主化を進めたように考えられるが、自動車を持てない貧困層も存在していたことを忘れてはならない。中産階級がより良い住環境を求めて郊外に移り住んだのに対し、労働者階級やその下の層は都市のスラムに置き去りにされた。自動車のもたらした郊外の発展は、都市に劣悪なスラムを残したまま郊外に快適な居住区をつくり、階級による住み分けを推し進めたのである。貧困層の多くは黒人であり、また、郊外の白人は、自分たちの快適な住環境を守るために黒人をその居住区から排除したので、階級による住み分けは人種隔離を意味

図11　交通渋滞も始まった

し、差別を推し進めることにもなった。大都市の中心にある、黒人その他のマイノリティが住む「インナーシティ」は、今日のアメリカにおいて、あたかも貧困や犯罪の代名詞のようになっているが、この頃から形成されたのである。

自動車の台数が増え、都市の交通渋滞や交通事故、空気の汚染、さらに車を使った犯罪などの問題が起こっても、人々は車の与える便利さや快感に勝つことはできなかった。車は日常生活に欠かせないものとなり、二〇世紀アメリカ経済を支えていったのである。

繁栄のなかの貧困

自動車の所有状況からもわかるように、繁栄は貧困をともないながら進行していた。新製品や贅沢品が市場にあふれるなかで、三分の二以上の人々は最低の生活をかろうじて維持していた。また、さらにその半分は生存ぎりぎりの極貧状態だった。当時年間の生活費は一八〇〇ドルといわれていたが、労働者の平均年収は二〇年代に上昇したとはいえ一五〇〇ドル以下であった。しかも賃金が上がったのは自動車や電気などの当時のハイテク産業においてであり、旧態依然の鉱業や紡績業の労働者は賃金も労働条件もほとんど良くならなかった。

企業と交渉して労働条件の向上を図る労働組合の活動は、この時代には停滞した。企業や政府が労働運動を反アメリカ的として抑圧する政策をとったことに加えて、労働組合自体が、産業の主流になりつつあった非熟練労働者を排除したこと、企業が「福祉資本主義」と呼ばれる労働者の生活全般を保護しようとする懐柔策をとったことによるだろう。フォードは有給休暇を設けたり賃金を引き上げたりし、USスティールは職場の安全と衛生を保障するために数百万ドルを投じたりした。また退職年金を設けたり、労働者に市場価格以下で株式証券を提供したりする企業もあった。会社お抱えの組合も組織され、労働者の不満はそこを通して訴えるようにした。こうした「福祉資本主義」は景気が良いときは機能し、労働者の不満を吸収することもできたが、一九二九年の大恐慌で一挙に崩壊した。しかしいずれにしても「福祉資本主義」に関係したのはひと握りの労働者にすぎず、ほとんどは利益の一部を労働者の福祉に割く余裕などない企業で働いていた。

アメリカの労働組合は世紀転換期からアメリカ労働総同盟（AFL）が主導権を握っていたが、熟練労働者だけを組織の対象とする政策を変えることはなかった。現実には産業の機械化とともに非熟練労働者の急増があり、そのほとんどは、東欧や南欧からの移民、黒人、女性だった。多くの労働者の家庭では収入を補うために女性の労働を必要としたが、その多くは工場のほか、ピンクカラーと呼ばれるサービス産業や秘書、店員、電話交換などの職に就いて働いた。AFLはこうした女性労働者は無視した。黒人たちは第一次大戦後南部から移動し、工場での非熟練労働のほか、多くはビルの警備、皿洗い、ゴミ収集などの仕事に就いた。AFLにはもちろんこういった職種を組織する気はなかった。政府、企業が一体となった反労働運動政策も功を奏し、労働組合員数は減少し、一九二〇年の五〇〇万から二九年には三〇〇万になった。

農民の貧窮はさらにひどかった。二〇年代には多くの労働者が、わずかとはいえ収入を増やしたのに対し、ほとんどの農民の収入は減少した。機械化により耕地面積は増えたが、第一次大戦後はヨーロッパ市場におけるアメリカの農産物の需要が激減し、農産物価格が下落したのである。国民所得に農業による収入の占める率は一九二〇年には一五パーセントだったのが、一九二九年には九パーセントに落ちた。窮状に置かれた農民たちは、政府に対して、農産物の価格を少なくとも生産コストと同等に保証することを要求した。このために考えられたのは、余剰農作物を政府が一定の価格で農民から買い上げ、それを国外に世界市場価格で輸出し、国内の高価格と輸出価格とに差額が生じた際には全ての農作物にかける一般税で補塡《ほてん》するという政策だった。この政策は議会において特に民主党議員の支持を受け、マクナリー＝ホーゲン法として一九二四、二六、二八年に提案され、二六、二八年には議会を通過したが、繁栄を謳歌《おうか》する企業の利益を代表する共和党の大統領クーリッジの拒否権によってつぶされてしまった。

遅れた産業の労働者、マイノリティ、農民の貧困はやがて経済に破綻をもたらす要因となっていった。しかしながら、全体的な経済成長は次世代にも有望な新しい産業を発展させ、豊かな中産階級を増加させ、次々に生み出される商品の消費者を将来にわたって確保することになった。また、自動車、電話、ラジオ、映画などによる交通・通信革命は孤立していたアメリカ各地をひとつにつなげ、新しい消費経済にもとづいた新しい文化、価値観を全国に広げていくことになった。

「新しい女性」

二〇年代の新しい文化、価値観を代表していたのは「新しい女性」だった。外見だけから見ても、足まですっぽり隠していたスカートは膝まで上がり、髪は短くし、口紅をつけて街を大股で歩く女性の姿はまさに「新しい女性」のそれだった。大学に進む女性ももはや珍しくはなく、実業界で成功したり医者や弁護士として働く女性も現れた。「キャリアウーマン」が二〇年代の「新しい女性」の象徴となったのである。かつてはキャリアを持つ女性は生涯独身であるのが当たり前だったが、結婚と仕事を両立させる女性も出てきた。しかし実際はこうした「キャリアウーマン」はひと握りの中産階級の女性に限られ、就業女性のほとんどは家計を助けるために非熟練労働やサービス産業の職場で働く労働者階級の女性だった。

二〇年代の「新しい女性」と聞いて、私たちがすぐに思い浮かべるのは「フラッパー」であろう。旧来の女性像から解放されて、煙草を吸い、酒を飲み、ダンスに興じ、性的魅力を強調する服を身につけ化粧をし、パーティでは男性との親密な会話を楽しみ、「動く寝室」と化した自動車でデートを楽しむといった女性たちである。フラッパーは、夜、仕事から解放されてダンスホールやクラブに刺激や享楽を求めて群がった労働者階級や中産階級下層の女性たちのライフスタイルが中産階級にも広がっていったものだった。フラッパーは一見、伝統的な道徳観から解放され、男と対等に振る舞う自立した女性のように見えるが、現実にはその多くは家族と離れて独り都市に住み、低賃金の職でかろうじて生活する女性たちであり、結局は男性に依存して生きていく存在だった。身体を露出した服や派手な化粧も常に男性を意識したものであり、自立に通じていたわけではなかった。

中産階級の女性たちの大半は家庭で家事・育児に励んだ。産児制限により子供の数が減り、電化製品の導入で家事が楽になると、夫婦の関係を考える余裕ができた。夫を喜ばせるために服装や化粧に気を使い、夫婦で行う社交が盛んになり、子供とは別個の夫婦の関係を守ろうとするのだった。マーガレット・サンガーによる産児制限の普及は、夫との性関係が子孫をつくるためのものではなく、夫婦に快楽を与え愛を高めるものとする考えを広め、性関係自体を重視する傾向を強めていった。フラッパーにしても中産階級の主婦にしても、この時代、女性たちは身体的な性を強調する「新しい女性」像をつくり出したが、男性への依存という点においては、性的表現が抑えられた一九世紀の女性と変わりなかった。

一九二〇年の女性参政権達成後、多くの女性たちが社会改革よりは個人的な生活に満足を求め家事や職業に精を出すなかで、政治・社会運動を続けた女性たちもいた。そうした女性たちは参政権を生かして女性有権者同盟や民主党・共和党各政党の婦人部を組織したり、また前世紀末から盛んになっていた消費者グループの活動を拡大したりした。こうした女性たちの力は、一九二一年、妊婦と子供の健康を保護するために連邦政府が補助金を出すシェパード＝タウナー法を成立させたが、これはフェミニストたちを分裂させることになった。つまり、女性に対する特別の保護を主張する主として労働者の女性やこれを支持する中産階級の社会運動家のフェミニストたち（保護派）と、特別の保護は全ての女性の役割を母に限定することになるとして反対する中産階級のフェミニストたち（平等派）とが対立したのである。この、女性を男性とは異質なものとして扱い特別の保護を与えるべきか、同質のものとして全く同等に扱うべきかの問題は、最近まで、女性労働者の出産休暇や労働時間などの問題をめぐって大きな論争になってきた。

二〇年代にはフェミニズムの運動は停滞したが、これは、フェミニストたちが保護派と平等派に分裂したこと、多くの女性たちが個人的な生活にとらわれていたためと考えられる。しかし、女性たちが社会のために何もしなかったわけではない。先に述べたように社会的な改革運動は盛んであり、また、平等派のフェミニストたちは、男女の平等を憲法修正によって保障しようと、一九二三年から、平等権修正（ERA）案を議会に提出し始めた。一九七〇年代にフェミニストたちを大同団結させたERAはこの時代に生まれたのである。

若者文化とヒーローたち

この時代の新しい文化のもう一方の主役は若者だった。教育年齢が上昇し、高校生や大学生が増えると、大人と子供の中間にある集団として若者の存在、そして彼らがつくる独自の文化が認識されるようになった。高校生は一九二〇年代には二二〇万人から五〇〇万人にまで増え、大学生は一九一八年の六〇万人から一九三〇年には一二〇万人になった。同年代の若者の五人にひとりが大学に行ったことになる。学校は、若者を複雑化した社会に送り出す準備をする機関としての機能を期待されたが、さらに若者たちの生活・社交の場であり彼らの文化創造の場でもあった。学生たちにとっては、課外のスポーツ競技、趣味的活動、社交クラブなどにおいて築く仲間との関係が、自分の存在を確認するうえで重要になった。そして、衣服のファッション、自動車、ダンス、コーヒーショップなどは、彼らの共有する文化のなかで大きな位置を占めることになった。

大衆消費文化、情報化の進展するなか、全米の大衆が熱狂的に崇拝する英雄が現れた。二〇年代の代表的英雄といえば、ベーブ・ルースとチャールズ・リンドバーグだろう。ホームラン王ベーブ・ルースは大衆娯楽産業としてのプロスポーツが占めた重要な位置を示していた。大西洋単独無着陸横断飛行に成功したリンドバーグは、一九六〇年代末月面に着陸した宇宙飛行士のように、新しい科学技術の力を代表していたが、他方でまた、高度な専門的教育を受けなくても自分自身の努力によって世の中で抜きん出る、古き良きアメリカの個人主義的な価値観を示していた。つまり、リンドバーグが大学や研究所で最先端の学問を研究する科学者でなく、大学を中退した郵便飛行士だったことは大衆にアメリカの夢がまだ存在することを教えてくれたのである。これらの英雄たちのことは、ラジオ放送、宣伝などによる新しい情報メディアによってすぐに全国的に知れ渡り、全国民が共有するものとなった。

「新しい黒人」

二〇年代の「新しい文化」において重要だったことは、黒人たちの活発な文化活動であり、それが白人のなかにも入り込んでいったことだった。多くの黒人が第一次大戦中から北部へと移動し始めていたが、二〇年代になると一五〇万人がシカゴ、デトロイト、ニューヨークなど北部の各都市に移動し、彼らのコミュニティをつくった。なかでも有名なニューヨークのハーレムは一九二〇年代には一〇万人の黒人が住み、世界最大の黒人コミュニティとなった。都市に来た黒人たちはゲットーと呼ばれる貧しいスラムに住んだが、そのなかで音楽、美術、文学などの豊かな文化を開花させた。一九世紀末黒人たちがつくり出したジャズは、二〇年代になると飛躍的に発展した。今でもよく聴かれる演奏家・作曲家であるデューク・エリントン、ルイ・アームストロングなどはこの頃盛んに活躍している。ジャズは白人にも広がり、ジョージ・ガーシュインはシンフォニック・ジャズ「ラプソディ・イン・ブルー」（一九二四）をはじめクラシックにジャズを取り入れて作曲した。

ニューヨークには若い世代の黒人の詩人、小説家、画家などが集まり、「ハーレム・ルネッサンス」を起こした。彼らは、アフリカに根づく文化の豊かさを創作活動によって示したのである。「私は黒人であり、美しい」という詩人ラングストン・ヒューズの言葉にこの「ハーレム・ルネッサンス」の精神が現れている。黒人たちは音楽、文学、美術などを通して、「新しい黒人《ニュー・ニグロ》」像を示し、白人に黒人文化ないし黒人の価値を認めさせる方向へ導いていった。

アフリカ人としての黒人の誇りに訴え、黒人たちにとっての一種の救世主として登場したのがジャマイカから来たマーカス・ガーヴェイである。ガーヴェイは一九一四年に全黒人地位改善協会（UNIA）を創立し、黒人たちの指導者となった。ガーヴェイはアフリカ文化を讃美し、世界中の黒人の団結を唱えた。また、黒人が白人社会のなかでマイノリティとして存在する間は平等な権利を確保することができないとし、白人との融合は退け、「アフリカへ帰れ」の運動を始めた。UNIAはホテル、印刷所、食料品店のチェーンストア、レストランなどの事業も行い、黒人をアフリカに送るためのブラック・スター汽船会社も設立した。帝王をまねて派手な衣装をまとい周囲の支持者には制服を着せるというガーヴェイのスタイルは世間の注目を集め、最盛期には、UNIAは会員五〇万人を数え、二〇年代初め、その支持者は数百万に達したという。しかし、白人との融合をめざして戦う多くの黒人はガーヴェイに反感を抱き、ガーヴェイは政府からは危険分子扱いされていた。結局、一九二三年にはブラック・スター汽船会社は破産し、ガーヴェイは二五年、詐欺罪で刑務所に入れられ、その二年後にジャマイカに送還されることになる。ガーヴェイの運動は短命に終わったが、黒人の間に民族としての誇りと自信を持たせ、それから四〇年余り後に起こるブラック・パワーに先鞭《せんべん》をつけることになった。

新しい潮流への反抗

新しい文化や価値観に対する抵抗も大きかった。それは特に、都市の道徳的な乱れに抗してアメリカの古き良き時代を保持すると考えられた農村で強かった。二〇年代に布《し》かれた禁酒法には、アメリカ社会の道徳を新しく入ってきた移民たちの悪習から守るという意味があった。また、旧来の道徳の衰退は宗教心の弱まりのせいであるとも考えられ、フロイト精神分析学の影響の下に性意識の解放が進んだり、進化論が受け容れられるようになると、科学よりは聖書の言葉を真実とする立場からの反発が起こった。

こうした状況のなかで、学校で進化論を教えることを禁じる州が特に南部を中心に出てきたが、一九二五年、テネシー州の高校で進化論を教えた教師スコープスが訴えられる事件が起こった。この裁判はモンキー裁判と呼ばれ、民主党から三度大統領候補に立ち国務長官も務めたウィリアム・ジェニングズ・ブライアンが検事側証人として加わったことでも全米の注目を集め、また、ちょうど盛んになっていたラジオ放送で裁判の内容が逐一中継されたことで全国民に知れ渡った。裁判はスコープスの有罪となったが、知識人や東部のアメリカ人たちには、聖書の言葉を字句どおり信じるファンダメンタリストの進化論否定は初めから受け容れられず、検察側に立って証言したブライアンはかえってその非科学的な信仰の矛盾を追及されることになった。

禁酒は一九一九年に憲法修正一八条で規定されたが、反対も多く実行は難しかった。特に東部の都市の移民は、旧大陸から持ち込んだ飲酒の習慣をやめることには抵抗があり、また連邦政府も、取り締まりのための人員が十分でなく、国民の私的な生活まで規制することは困難だった。もぐりの酒場は、鉄格子のついた窓越しに声をかけ扉を開けてもらい中に入れるようになっており、そこは強い酒を注文する男女で混み合っていた。自宅でこっそりとおもちゃの蒸溜器を使ってつくった「自家製酒」や「風呂桶製」のジンが、当時人々の間で話題に上ったが、ときには有毒のアルコールで失明することもあった。この禁酒という「高貴な実験」によって、国民の長い間の習慣である飲酒をやめさせることはできなかったが、アルコールの消費量は確かに減り、銀行の預金が増え、労働者の欠勤が減るという多少の効果もあったといわれた。

しかし、禁酒は犯罪をはびこらせた。違法の酒類販売がもたらす莫大な利益をめぐってマフィアが暗躍し、相互の殺し合いが頻繁になった。一九二〇年代、シカゴではこのために五〇〇人が殺されたという。シカゴは、夜通し見え聞こえする「ピストルの赤い光」や「空気中に破裂する爆弾」によってそこにあることがわかるとさえいわれた。

アル・カポネはこのシカゴのギャングのボスだった。防弾鋼鉄で覆《おお》われ防弾窓ガラスを装備した車でシカゴの通りに現れ、他のギャングたちを撃ち殺し、酒類の密造販売で何百万ドルも稼いだといわれている。彼自身は殺人の罪で逮捕されることはなく、脱税で懲役一一年の刑を受けただけだった。ギャングたちは酒類以外にも売春、賭博、麻薬など不法な取引に次々に手を出し莫大な利益を得ていった。一九三〇年には、年間の利益は一二〇億ないし一八〇億ドルに上ったが、これは連邦政府の歳入(四〇・五八億ドル)の数倍だった。売買が法律で禁じられている物はこれを欲する人に法外な値で売ることができることから、ギャングたちはそうした物の取引に手を出すのが常である。今日では、いうまでもなく、麻薬が当時の酒に代わって彼らの主要な収入源になっている。

非アメリカ的なものの排除

世界の民主主義のために戦った大戦に幻滅したアメリカ人は、国内でアメリカ的なものの保守へと向かった。外来の急進思想である共産主義、アメリカの伝統から離れるライフスタイルを非難し、外国人の移住を制限し、移民のアメリカ化に力を注いだ。

一九一九年から二〇年にかけて、ウィルソン政権の下で司法長官ミッチェル・パーマーが「赤狩り」を展開し六〇〇〇人の検挙者を出した。ある熱狂的な反共主義者は「赤に対する私のモットーはSOSだ。つまり、シップ・オア・シュート（強制送還か銃殺か）だ」とうそぶいた。赤狩りは全米に広がり、ニューヨーク州では州議会に選出された五人が、社会主義者という理由で就任を拒否された。反共思想、排外感情は、サッコとヴァンゼッティ事件の名で知られるふたりのイタリア生まれの無政府主義者の逮捕において高まりを見せた。この事件はマサチュセッツ州の製靴工場の会計係とその護衛を殺した罪で、ニコラ・サッコとバルトロメオ・ヴァンゼッティが捕らえられ、死刑に処せられた事件であるが、証拠は十分とはいえず、ふたりが無政府主義者の外国人だったことがその逮捕、判決の重要な理由になったといわれている。世界中の急進主義者ないしリベラル派からふたりに対する同情が寄せられ、大規模な処刑反対運動も起こったが、結局一九二七年、ふたりは電気椅子に送られた。

排斥運動は、クー・クラックス・クラン（KKK）において最も極端なかたちで現れた。南北戦争後に南部に登場し、目の部分だけをくり抜いた白い布をすっぽり頭からかぶり、黒人や黒人の支持者に暴力を振るい脅し回ったこの集団は、一八七〇年には消滅したが、一九一五年に同名かつ同じスタイルで再び登場してきた。この年の少し前、映画史上最初の長編「国民の創生」（デイヴィッド・W・グリフィス監督）が上映されたが、これは南北戦争後のKKKを讃美していた。露骨な人種偏見が当時隆盛のメディアで堂々と表現される社会において、この映画の影響は容易に察せられる。一九二〇年代になると、KKKは排除の対象を主として移民、ユダヤ人、カトリック教徒に移し、「人種の純潔」「アメリカ的伝統」「アメリカ的道徳」の守護者をもって任じ、進化論、共産主義、国際主義、平和主義、酒の密造販売、産児制限など新しい社会の動き全てに反対した。二〇年代半ばにはKKKは中西部、南部で猛威を振るい会員数五〇〇万を数えたが、あまりに過激な思想と行動に一般からは反感を買い、内部の権力闘争や幹部の公金横領もあり、二〇年代終わりには崩壊した。しかし、KKKの排外的な主張はアメリカ社会に根を張り続けた。

第一次大戦後の世界に幻滅したアメリカ人は、一般に、アメリカを外国の影響から守りたいと考えるようになっていたが、この排外感情、つまりネイティヴィズムは移民制限となって政策に現れた。一九世紀末に増えた南欧東欧出身のいわゆる「新移民」は、アングロサクソン系を主流とするアメリカ人から嫌われる傾向にあり、大戦後再び増え始めたなかで、彼らは法律によって排除されることになった。一九二四年の移民法は、一八九〇年の国勢調査における出身国別人口の二パーセントの移民を許可するというものであり、南欧東欧からの出身者がまだ少なかった年を基準にすることにより実質的に「新移民」を排除することになった。この基準によるとグレート・ブリテンと北アイルランドには合わせて六万五七〇〇人の移民が割り当てられたのに対し、イタリアは五八〇二人だった。同移民法は日本からの移民を帰化不能の国民ということで完全に禁止した。アングロサクソン系ないし西欧北欧出身者を多数とする人口構成の維持という法律の意図は、達成されたといってよい。一九二四年の移民法以後、外国からの移住者は激減した。移民たちはアメリカ社会における同化への圧力の下で、次第にアメリカ化していきながらも、それぞれの民族の文化、言語、伝統を守りコミュニティを築いていった。この移民割当法は一九六五年に廃止され、その後ヨーロッパ以外の地域からの移民が激増し、アメリカの人口は多様化の一途をたどることになる。

社会批判と芸術的創造

大衆消費社会の新しいアメリカの文化を、若い芸術家や知識人たちは不快感をもって見ていた。新しいアメリカ社会は、彼らにとって物質的、軽薄、無意味、非人間的であり、精神的な満足を与えるものではなかった。戦後の社会において、彼らは、大戦は大きな人命の犠牲を強いながら人類に何の収穫ももたらさなかったという幻滅感を味わっていた。この感情は、アーネスト・ヘミングウェイの小説『武器よさらば』(一九二九)の主人公がヨーロッパの戦争で戦うことの意義を見出せず、軍を捨て恋人と去る場面に象徴されていた。

二〇年代のアメリカ社会に対する不満は、一方では痛烈な社会批判となり、他方では外国への逃避となった。最も辛口の批評家だったH・L・メンケンはアメリカ人が大事にしてきたもの全てを嘲《あざけ》ることで自己満足を得たといわれる。宗教、政治、芸術、そして民主主義さえも彼の筆にかかると価値を失った。彼は「文化的な生活が民主主義の下に存在するとは信じられない」と述べている。また、ピューリタニズムとは「誰かがどこかで幸せでいるかもしれないとの恐怖がいつも心につきまとっていることだ」と揶揄《やゆ》したが、この言葉は今でもよく引用される。また、アメリカ人最初のノーベル文学賞受賞者シンクレア・ルイスは、『メーン・ストリート』(一九二〇)や『バビット』(一九二二)などの小説を通して、中西部の田舎町の生活や都市の中産階級の生活など、当時のアメリカ社会を風刺した。F・スコット・フィッツジェラルドは二〇年代の若者の代弁者として文壇にデビューし、彼自身も派手な生活で世間の目を引いたが、『偉大なギャッツビー』（一九二五）では富を得た主人公の悲劇を通して、物質的成功にとりつかれたアメリカ社会の魅力と残酷さを描き出した。

物質主義に毒されたアメリカを避けヨーロッパに住む作家や芸術家もいた。そうしたなかには、ヘミングウェイ、詩人のエズラ・パウンド、T・S・エリオット、作家のガートルード・スタインなどがおり、フランスやイギリスで新しい実験的な創作を試みたりした。当時のパリのカフェにはこうしたアメリカ人が歓談する姿が見られ、そこではアメリカの芸術がヨーロッパに移ってきたかのような錯覚にとらわれることさえあったという。

図12　フィッツジェラルドとその家族

彼らは二〇年代のアメリカ社会や文化に背を向けながら、小説、詩、評論、絵画、音楽などそれぞれの分野で優れた作品を生み出し、その結果、アメリカの芸術の水準は引き上げられた。そして、「現代アメリカ」の物質文明は、芸術を含めた精神的側面もともないながら、世界へと進出していくことになる。

財界優遇政策の下での繁栄

一九二〇年代は大統領も議会も共和党の手中にあったが、この間、「現代アメリカ」のシステムを支える政府と財界の関係はいっそう強化された。一九二一年に大統領に就任したウォーレン・ハーディングは党内政治の事情から候補になり選出されたのであったが、自分自身の能力についてよくわかっていた。「私は限られた能力しかない田舎町出身の人間だ」「私は自分が大統領であることがよくわかっていないようだ」などと友人たちに語っている。そして大統領としての権限を、閣僚、議会、党の指導者、自分の取り巻きなどに委《ゆだ》ねた。これは初めのうちは賢明なこととされ指導者としても評価されたが、結局は裏目に出てしまった。彼は自分の出身州オハイオの仲間を政権内の要職につけたが、彼らは夜な夜な集まって酒を飲み、ギャンブルをし、女性と遊ぶなど、法に反した行為をした。しかも、ときには大統領がこれに加わっているとの噂も流れた。さらに、ハーディングには以前から妻以外の愛人がいて、その愛人との間に子供をもうけており、彼女とホワイトハウス内の狭苦しい部屋で逢い引きを重ねていたことも世間に知られていた。しかも閣僚のなかから、司法長官のハリー・ドアティ、内務長官アルバート・フォールなどの汚職者が出るありさまだった。特にフォールは海軍の石油貯蔵地を密かに実業家に賃貸し、その見返りに五〇万ドルを「ローン」として受け取り、収賄の罪で一年の刑を受けた。ハーディングは、一九二三年夏、汚職の発覚を知り傷心のまま遊説旅行に出かけるが、旅先のサンフランシスコで急死する。ハーディング政権は、しかし、一定の業績も収めていた。国務長官、財務長官などの要職にはチャールズ・E・ヒューズ、アンドルー・メロンなど有能な者を任命していたし、実業界の求める国際社会安定のために、ワシントンでイギリス、フランス、日本などと軍縮条約を締結したりもした。また、刑務所に服役中の社会党のユージン・デブズに、人道的見地から恩赦を与えている。

ハーディングの跡を継いだカルヴィン・クーリッジは、無口で愛想が悪く、禁欲的なまでに潔癖であり、他人の不正直も徹底的に攻撃する点など、ハーディングとは対照的だった。政府はできるだけ何もしない方がよいという信念、また彼自身の無気力により、何もしない大統領といわれた。午後は長い昼寝をし、人との面会は最小限にとどめ、会ってもほとんど話をしないということだった。任期中提案した重要な法案はなく、外交にもほとんど関わらなかった。一九二四年の大統領選挙では、かつての革新主義者を代表して革新党から立ったロバート・ラフォレットや民主党の候補者を抑えて、クーリッジが大勝した。消費生活のなかに浸かりきっていた国民の大半は、改革を推進する大統領よりも何もしないでただ現状を見守る大統領を支持したのである。

何もしないということは、「現代アメリカ」のシステムを維持する政府と実業界の協力関係の強化を支持することであり、クーリッジの時代には財務長官メロンの主導の下に企業や金持ちに有利な政策がとられた。たとえば一般の税率は変えずに、企業や高額所得者に対しては税率が半分以下に下げられたが、これは投資を刺激し繁栄を保障するためと説明された。革新主義時代から進められてきた経済の組織化では、商務長官のハーバート・フーヴァーが熱心な推進者となった。新しい経済秩序のなかで中心的役割を果たすのは企業であると信じる彼は、企業の結束が重要と考え、彼らの自発的な協働を呼びかけた。フーヴァーは、各産業がそれぞれの組合《アソシエーション》を通して無秩序な競争を避ければ、生産や販売の能率を上げることができると信じたが、そのなかで政府が積極的に介入することは自由な市場競争を妨げることになるとして反対した。企業自身が合意したものであれば競争の制限は認められたのである。

一九二八年の大統領選挙では、フーヴァーが民主党候補のアルフレッド・スミスを破り当選した。スミスは最初のカトリックの大統領候補であり都市の移民や労働者の支持を受けていたが、フーヴァーに大敗したとはいえ都市部で多くの票を獲得した。これは、以後、都市が民主党の支持基盤として重要になることを示唆していた。

一九二九年四月、国民は「永遠の繁栄」を象徴するフーヴァーを大統領に迎えた。

妹はクリーニング屋で働く。
父親は違法のジンを売って金儲け。
母親は家で洗濯の仕事をして稼ぐ。
おお、このすごさ。金がどんどん転がり込んでくる。

と人々は好景気に酔いしれていた。金持ちの間には金があふれ、だぶついた金は株式や土地に回った。これには金持ち優遇の財務長官メロンの税政策もひと役買っていた。株の高騰につられて、床屋や秘書やホテルのボーイなども耳寄りな情報を得て小金を株に投資した。このとき、経済が一年以内に破綻し、アメリカ社会が深刻な危機に見舞われるなどと、誰が予想し得ただろうか。

第4章　「現代アメリカ」の危機——一九三〇年代

大恐慌下の人々の困窮

一九二〇年代には、革新主義が確立した「現代アメリカ」の骨格に肉づけがなされた。そうしてできあがったものは、国民の多くが豊かな生活を享受する大衆消費社会だった。しかし、その「現代アメリカ」社会は間もなく崩壊の危機に直面することになる。一九二九年一〇月二四日に起こった「暗黒の木曜日」と呼ばれる株価大暴落をきっかけに、アメリカ経済が一挙に奈落の底に落ちていったのである。しかしこのとき、「現代アメリカ」のシステムは働き続けた。危機の対策としてとられたニューディールでは、政府の指導の下で学者や各種専門家の知識と企業の力を結集し、経済恐慌の対応策が考案され実施された。これは「現代アメリカ」の「知的探求体制」の方式だった。実際に恐慌を乗り越えたのはニューディールによるのではなく第二次大戦がもたらした軍需景気だったが、ニューディールを動かした「知的探求体制」が大戦では総力戦を戦うシステムとして機能することになる。

アメリカは一八九三年にも深刻な不況を経験していたが、一九三〇年代の恐慌は史上例のない大規模なものであり、国民の生活を広範囲にわたって脅かした。この深刻さは失業者の数を見ただけでもわかる。一九二九年一〇月には五〇万弱だった失業者が一二月には四〇〇万強に跳ね上がり、一九三三年になると一五〇〇万人にまで上った。これは四人にひとりが失業したことを意味していた。二九年から三三年までに国民総生産は二九パーセント低下し、なかでも建設業の生産高は七八パーセント、製造業は五四パーセント、総投資額は九八パーセント減少し、三二年夏、鉄鋼業の操業率は一二パーセントにまで落ち込んだ。

パンやスープの無料配布を受けるための行列が都市の見慣れた光景になり、家賃や住宅ローンが払えずに家を追われる人々の姿も見られた。一九三二年までに仕事や住居を求めて放浪する二一歳以下の若者は二五万人に上った。フォークシンガーのウディ・ガスリーは放浪者や労働者の生活を歌にしたが、恐慌下の放浪者の様子を次のように描いている。「あらゆる人種の男たちがガタゴト揺れる貨車のなかで」「互いの身体を枕にして」寝ており、「自分のカーキ色のシャツやズボン、他の男たちの仕事着やつなぎ服、湿った不潔な背広から甘酸っぱい汗の臭いが漂って」いたと。また、メキシコ系農業労働者の指導者シーザー・シャヴェスは、一九三三年、六歳のときに父親が持ち家と自作農地を失い、その後一家は農産物の収穫時に合わせて移動する農業労働者となった。彼は、「私たちはもともと貧しかったが、毎晩決まった場所に寝床があり、これが自分たちの部屋だということを知っていた。台所もあった」「それが急に変わった。小さいときには何がどうなってしまったのかわからなかった」と当時を振り返っている。

農民は二〇年代の経済繁栄から取り残されていたが、恐慌で農産物価格はさらに下降しシャヴェス家のようなことが頻繁に起こっていた。一九二九年から三二年の間に、全米の農業収入は六〇パーセント以上落ち、アメリカの農民の三分の一が借金を返済しきれずに農地を奪われている。これに加えて、大平原のカンザス、オクラホマ、コロラドなどでは干魃《かんばつ》と砂嵐によって農地が消滅していった。強風によって舞い上がった大量の土は農作物を破壊しただけでなく、家畜を殺し、外にいる子供を窒息させ、家のなかに入り込み床や家具などを厚く覆《おお》った。農民たちは「ダストボウル」（土で一杯の深皿）となった故郷を逃げ出し、家財道

図13　ダストボウル　サウスダコタ州ダラス．家や農機具が砂に埋もれている

図14　フーヴァー村

具をポンコツの車に積み込み、西海岸、特にカリフォルニアへと向かった。ウディ・ガスリーは「ダストボウル」の歌も多く書いたがそのなかの「ドレミ」で、「カリフォルニアはエデンの園、住んだり見たりすることができる天国」と信じて故郷を捨てても、「金がなければ」「美しい故郷テキサス、オクラホマ、カンザス、ジョージア、テネシーに帰ったほうがいい」と語る。ジョン・スタインベックの小説で映画にもなった『怒りの葡萄《ぶどう》』(一九三九)は、このようなオクラホマからカリフォルニアに移住し苦労する農民の家族の姿を描き出し、多くの人々を感動させてきた。

職や家を失った人々は、貨車、地下鉄、下水溝、公園などに寝床を求めて放浪し、また、捨てられたブリキ板や木の端切れで掘っ建て小屋をつくり定住した。都市にはそうした小屋が群がる「フーヴァー村」(当時の大統領フーヴァーにあてつけてこう呼んだ)が現れた。無料の食料は十分には行き渡らず、飢え死にしないために物乞いをする者も多く現れた。当時を生きた女性のひとりキティ・マカラックは次のように振り返る。

乞食が大勢いました。勝手口に来て、お腹が空いていると言うのです。私は、お金はないからあげませんでした。でも、家のなかに入れて台所で食べ物をあげました。

あるとき酒臭い息をした男がやって来て、彼女に食べ物を買うための金をせびった。そこで、

私は、「おいしいサンドウィッチをつくってあげましょう」と言って、マヨネーズとチキンとレタス入りの二段のサンドウィッチをつくってあげました。男は不快な表情をして裏通りへと立ち去りました。その姿を見ていると、二、三軒先まで行って、男はなんとサンドウィッチを通りに捨てたのです。

貧困と差別に苦しむ黒人、メキシコ人

黒人は、二〇年代の繁栄の恩恵にさえ与る《あずか》ことが少なかったが、恐慌はいっそう厳しくこたえた。三〇年頃は黒人の半数以上が南部に住んでいたが、小作をしていた黒人たちは土地を追われ町に出た。しかしそこでは、ビルの雑役、通りの清掃、家事奉公などそれまで黒人の仕事だった非熟練労働の職も失業した白人に奪われた。一九三〇年、アトランタでは、「全ての白人が職を得るまで黒人に仕事を与えるな」というスローガンを掲げた運動も組織された。そして一九三〇年代には、南部を捨て北部の都市に移動した黒人は四〇万人に上った。しかし北部に移っても職を得ることは難しく、ニューヨークでは黒人の半分近くが、他

の都市では半分以上が失業していた。一九三二年、アメリカの黒人の三分の一が失業者で、別の三分の一はパートタイム労働者だったことが報告されている。

南部の黒人はこのうえにさらに、従来からの人種隔離、選挙権剝奪《はくだつ》、リンチなどを含む露骨な人種差別を受け続けた。一九三一年に起こったスコッツボロ事件は、そうした人種差別を象徴するものだった。この事件は、アラバマ州スコッツボロの近くで貨車に乗っていた九人の黒人の少年たちが浮浪罪で逮捕されたうえ、貨車に同乗していたふたりの白人女性からレイプで訴えられ、第一審で全員に有罪（八人が死刑）の判決が下された事件である。レイプの証拠がないにもかかわらず、全員白人からなる陪審員が行った決定だった。これは明らかに不正な裁判と見られ国中の注目を集めた。一九三〇年代に行われたその後の裁判でも、白人のみの陪審員は少年たちに無罪判決を下すことはなかったが、共産党を中心に救済運動が広がり、少年たちは、告訴取り下げや仮出所などによって最終的には解放されることになった。

メキシコ人、メキシコ系アメリカ人も恐慌の下でいっそう厳しい差別を受けることになった。メキシコからの移民は二〇世紀初頭から増え始め、カリフォルニアをはじめとする南西部諸州に多く住んだ。わずかな農地を耕す者、農作物の収穫時に合わせて各地を移動する農業労働者のほか、非熟練労働の職に就く者がほとんどで、恐慌時には、黒人と同様、職を白人に奪われた。また、政府の援助も、メキシコ人は除外したりごく少額だったりした。彼らのなかには国境を越えてメキシコに帰る者も多かった。政府は自分の意志で帰国するメキシコ人に旅費を払ったが、帰る意志がない者も強制的に送還した。三〇年代初めに、五〇万人のメキシコ人やメキシコ系アメリカ人が故国に帰ったと推定される。

女性と家族

大恐慌は女性の雇用や家族内の人間関係にも影響を及ぼした。雇用は白人男性を優先すべきだという考えは、黒人などと同様に女性にも適用された。一九三二年から三七年まで、連邦政府は規定をつくり雇用を一家族ひとりに限り、多くの州や地方の政府もこれに倣った。いうまでもなく、これによって解雇の対象になったのは女性だった。また女性の教師を免職にする法律を定めた地方自治体もあり、多くの女性教師が辞職を余儀なくされた。二〇余りの州で女性の雇用を禁じる法案が提出されたが、さすがにこれらは、いずれも可決されなかった。

実際には、家族は恐慌の下で生きていくためにひとりでも多くの稼ぎ手を必要とした。夫が職を失えば妻が働きに出ることになった。恐慌下で、主として男性の職場だった製造業の雇用が激減したが、低賃金の女性の仕事だった店員やコックやウェイトレスなどの仕事はそれほど減らなかった。一九三〇年から四〇年の間に女性労働者の数は約一〇〇〇万人から一三〇〇万人に増加し、なかでも既婚者の労働参加率は一一・七パーセントから一五・六パーセントに上昇した。この数字は家計を支えるために働く女性たちが増えたことを表していた。黒人女性は、家事労働の職が減り多くが職を失った。それでも、三〇年代の終わりの労働参加率は、白人女性の二四パーセントに対し黒人女性は三八パーセントであり、特に既婚女性は白人女性の倍の割合で職に就いていた。

経済的困窮は家族の生活を変えた。職は失わなかった労働者や中産階級の家族でも多くが減収になり、二〇年代に享受した消費生活の水準を下げなければならなかった。特に主婦の役割が消費者から一九世紀以前のような家庭内での生産者に近づいた。デパートで買っていた服は自分で縫い、保存食は店で買わずに自宅でつくり、レストランでの食事も控えた。なかには内職に精を出す主婦もおり、他人の洗濯物を引き受けたり、自家製のパンやケーキを売ったり、また下宿人を置いたりした。

家族内の人間関係も影響を受けた。職を失った親戚が一緒に住み拡大する世帯もあった。逆に失業して家族を支えきれなくなった夫の家出による家族の離散も多くなった。費用のかかる離婚はむしろ減ったが、こうした実質的な離別は増え、結婚は減り出生率は低下した。社会学者などがよく指摘するのは、家族内における男性の地位の低下である。失職や減収により、男性の一家の稼ぎ手としての権威が失墜し、女性が家族の中心になる例が頻繁に見られた。また、生計を支えられない両親に代わって働き、収入を得てくる子供の発言権が強くなる場合もあった。

恐慌のなかの豊かさ

しかしながら、全てのアメリカ人が平等に恐慌の影響を受けたわけではなかった。前述したように、もともと貧しかった農民や黒人やメキシコ系などのマイノリティ、労働者などはさらに悲惨な境遇に置かれたが、中産階級やその上の階級では恐慌前とほとんど変わらない生活を維持する者も少なくなかった。「丘の王者」(一九九四)という、恐慌下に親に置き去りにされた貧しい少年を主人公にした映画があるが、そのなかの、少年が裕福な友だちの家で開かれた小学校の卒業パーティに招かれるシーンでは、豪華なご馳走の山が映し出されている。また一方では、空腹の少年が雑誌の広告に出ているステーキの写真を見ているうちにたまらなくなり、これを切り抜いて皿に盛り、その紙のステーキをナイフとフォークを使って実際に食べ、お腹をこわすシーンがある。これらのふたつの映像は、貧困のなかの貧富を対照的に描き出し、見る者に衝撃を与える。世紀末や二〇年代の豊かさのなかに貧困が存在したように、三〇年代の貧困のなかにも豊かさは健在だったのである。

恐慌を体験した人々の生活を聞き取ってまとめたスタッズ・ターケルの著書『困難な時代』（一九七〇）のなかには、恐慌下に金儲けをした人も登場する。また、医者などの専門職や企業の管理職に就いていた人々の回顧談からは物質的欠乏は伝わってこない。あるレストラン経営者は良い顧客に恵まれ、「商売は恐慌のときに最も繁盛しました」とさえ語っている。炭鉱会社社長の息子は、パンを求める列を見なかったかとのターケルの質問に、「全く見ませんでした。ニューヨークでは。列があったとすればハーレムかグリニッジ・ヴィレッジあたりで、このへんにはいませんでしたよ。貧困の徴《しるし》は全くありませんでした」と答えている。

恐慌のどん底での失業率二五パーセントは悲惨な数字であるが、アメリカ人の大多数が職を失ったわけではないことも示している。医者や弁護士の収入は確かに減り、労働者や事務職員の給料も減額されたが暮らしていくことはできた。倒産を避けることができた自営業者のなかには、価格の下がった土地や株に投資して儲けた者さえあった。また、公務員や大学の教師などの仕事は安定しており、国家公務員を多数抱える首都ワシントンの経済は恐慌下のアメリカで最も安定していた。しかも、恐慌は最上部の富裕層の生活を脅かすことはほとんどなかった。最上部五パーセントの金持ちはアメリカの富の四分の三を所有し続けた。配当金や賃貸の収入は減ったが物価も下がった。豪邸で開かれるパーティには、パリ直輸入のファッションで着飾った女性が集まった。三〇年代のアメリカでは、金持ちがヨーロッパのお金に困った上流階級から骨董品や絵画、宝石を買い集め、それらの品々があふれたといわれている。寒い冬を避けてカリブ海で過ごすことが流行し、マイアミやハヴァナのホテルが栄えたことも報告されている。そして、ジェネラル・モーターズが生産する大衆車シヴォレーの売り上げは大幅に落ちたが、高級車キャデラックの方は相変わらず売れ続けた。一九九〇年代からの長引く不況にあえぐ日本で、高級ブランドの服やバッグなどがかえって売り上げを伸ばしたという話が重なって想起される。

救済の要求

窮状に置かれた人々は、職を求めて放浪したり、無料の食料をもらうために列に並んだり、物乞いをしたり、内職をしたり、様々な方法で生きる道を探したが、政府に救済を求める運動を起こした人々もいた。なかでも、中西部の農民と退役軍人の運動は反乱の様相を呈した。農民たちは二〇年代にも大戦後の農産物価格の低下に苦しみ、繁栄からも取り残されていたが、三〇年代には農産物価格はさらに下降し、干魃、虫害に襲われた。一九二九年から三二年までに小麦は五〇パーセント、綿花は三分の二以上値下がりした。「死ぬほど働いているのに、収入も余暇も楽しみも希望もありません」とインディアナの女性は一九三〇年、農務長官あてに手紙を書いている。彼女の家族はそれまで耕してきた二五〇エーカーの農地を失おうとしていたのだった。「ダストボウル」の一万六〇〇〇人を含めて四〇万人の農民が故郷を捨てた。こうした窮状のなかで農民たちは、農産物価格をせめて生産に要する費用のレベルまで保証することを政府に要求した。議会も大統領もこれに応える気配がないことを知ると、彼らは実力行使に出た。そして一九三二年夏、アイオワ州デモインで農民休日連盟が結成された。連盟は会長マイロ・リノの下で、ストライキ、すなわち農産物の出荷停止を決定し、八月、アイオワとその周辺の地域でストライキが実施された。官憲との衝突もあり、ストライキは九月には中止された。農民のストライキが実際に農産物価格を上昇させる効果を生み出すことはなかったが、一一月には選挙を控えており政治家たちをあわてさせることにはなった。

より有名なのは「ボーナス軍」と呼ばれる退役軍人の運動であり、フーヴァー大統領は彼らに対する冷酷な扱いによって、国民の不興を買うことになる。議会は一九二四年、第一次大戦に従軍した退役軍人に特別手当《ボーナス》を一九五四年に支給することを決めていたが、経済的に困窮した退役軍人たちは即時支給を要求するようになった。しかしフーヴァーは彼らの要求を支持していなかった。一九三二年五月半ば、三〇〇人の失業退役軍人は「ボーナス軍」を組織して、オレゴン州ポートランドから貨車に乗り、首都ワシントンに向かった。ボーナス即時支給の法案可決を訴えるためである。旅の途中で一行に加わったり他の地域から集まってきたりする退役軍人も多く、目的地ワシントンに到着したときには「ボーナス軍」は総勢二万人に膨れ上がっていた。彼らは市やその周辺のアナコスティア川縁に粗末なテントを張って野営したり、廃屋となっていた連邦政府の建物に入り込んだりして、ボーナス即時支給の法案が通るまで居続けると頑張った。フーヴァーは彼らに食料や衣料、寝具、テントなどを貸し与えた。政府は、七月に法案が上院で否決された後、退役軍人たちの帰りの旅費の貸し付けを行ったが、まだ一万人以上が残った。彼らの存在に困惑したフーヴァーは、警察に命令し市内の連邦政府の建物からの強制退去を行うことにした。退役軍人は抵抗し彼らのうちふたりが死んだ。さらにフーヴァーは退役軍人たちを建物から退去させるために連邦軍を出動させた。このとき軍隊の指揮を執ったのは、ダグラス・マッカーサー将軍であった。第二次大戦後の日本を統治した占領軍総司令官の、あのマッカーサーである。彼は、「ボーナス軍」を革命を企てている危険分子と見て、大統領の命令を大きく超え、建物から退役軍人を追い出しただけでなく、アナコスティア川を越えて彼らの野営地まで追いかけ、キャンプを焼き払った。燃えさかる炎のなかで退役軍人一〇〇人が負傷し赤ん坊ひとりが死んだ。この事件は、すでに支持を失っていたフーヴァーの非情さを印象づけ、その秋の大統領選挙では彼はますます不利な立場に置かれた。

恐慌の原因

不況は第二次大戦が始まるまでの約一〇年にわたる長いものだったが、それをもたらしたのは様々な要因の重なり合いだとされている。第一に、生産面を見ると、二〇年代の繁栄が建設や自動車などわずかな産業に依存していたことに問題があった。二〇年代の終わりになってこれらの産業に翳《かげ》りが見えたときこれに代わる新しい産業が育っていなかった。石油や化学産業なども興隆しつつあったが、まだ力不足だった。第二に、消費面を見ると、購買力に偏りがあった。繁栄の一〇年の最後の年である一九二九年において、まだアメリカの半数以上の家族が生存ぎりぎりかそれ以下の状態にあり、二〇年代の消費文化を享受する余裕はなかった。彼らにとって自動車や最新の電化製品などは高嶺の花であり、家を購入することなど考えられなかった。その結果市場には購買力をはるかに超えた量の製品があふれることになった。二〇年代末、自動車産業や建設業などにおいては、需要が頭打ちになり労働者の解雇が始まっていた。第三に、金融の問題があった。二〇年代、農民は借金に苦しみ、彼らに融資していた小規模の銀行は経営難に陥っていた。一九二九年以前に、すでに五〇〇〇の銀行が倒産していたのである。第四に、国際経済との関係があった。第一次大戦後、ヨーロッパの連合国はアメリカの銀行に巨額の債務を負ったが、これは弱体化した彼らの経済力で返済しきれるものではなかった。アメリカへの返済はドイツから支払われる賠償金でまかなわれたが、ドイツはその賠償金をもっぱらアメリカからの融資に頼った。その資金はアメリカの銀行の融資によっていたが、一九二〇年代末には銀行の資金は国内の株式市場に吸い寄せられ、また、二九年に経済が悪化すると銀行はヨーロッパへの融資を渋るようになり、その結果、二〇年代の国際経済をなんとか支えていた資金の循環が止まってしまった。そのうえ、ヨーロッパ諸国は対米輸出をアメリカの高関税政策のために阻《はば》まれ、債務返済のための資金源を失っていた。こうして、恐慌はヨーロッパに広がり、さらに悪化したのだった。

フーヴァーの政策

ハーバート・フーヴァーは、アメリカから貧困が消える日の近いことを謳《うた》って大統領に当選したのだったが、そのわずか一年後に未曾有《みぞう》の経済恐慌に直面することになった。彼は何よりもアメリカ経済に対する国民の信頼を取り戻そうとし、「この国の経済の基本である物資の生産と分配は、堅実で良好な土台の上にある」と述べた。そして企業、労働者、農業の指導者をホワイトハウスに招き、復興のための自発的な協力を呼びかけた。企業には労働者を解雇しないように、労働者には賃金引き上げを要求しないように要請した。しかし、一九三一年中頃には景気はさらに悪化し、企業は生産を縮小し労働者を解雇し賃金を削減した後、なす術《すべ》がなかった。

恐慌が悪化するなかで、人々はその責任はフーヴァーにあるとしたが、フーヴァーは決して無策だったわけではない。彼のとった政策は画期的なものもあったが、結果から見ると、不十分であったり遅すぎたりして効果をもたらさなかったのである。孤児の身から自分自身の力で道を切り開いて生きてきた彼には、もともと他人を頼らないという個人主義の信念があった。しかし、国の経済に関しては、個人の活動のみに任せる自由放任主義ではなく、政府の介入を必要とする革新主義的な立場に立ち、各企業が無駄な競争を避けるために政府の指導の下に自発的な協力関係をつくることを勧めていた。恐慌においても彼は、民主党も含めた他のほとんどの政治家よりも政府の権限を用いることに積極的だった。ただ、彼の重視したのは経済の回復であり、直接失業者を救済したり、農産物価格を引き上げたりすることには否定的だった。大戦中の疲弊したヨーロッパで物資の供給事業を指揮した経験から、人の善意と専門的な知識が問題を解決することを学び、恐慌下のアメリカでも、幸運な人が貧しい隣人を必ず助けるだろうと信じたのである。そして個人主義者の彼は、貧しい人々の自らの努力と他人の隣人愛とを信じ、連邦政府による直接の大規模な救済は退けたのだった。

しかし現実の政策としては、フーヴァーは連邦政府の介入を進めた。不況にあえぐ農業に対しては、一九二九年、恐慌の起こる前に農業市場法を制定し、恐慌下に政府資金を投入し、わずかではあったが農産物価格の下落を抑えた。なかでも重要なのは、一九三二年の復興金融公社（RFC）設立である。経営の悪化した銀行、鉄道などの企業に連邦政府の資金を供給することを目的としていたが、地方政府に対する公共事業や救済活動のための資金援助も行った。こうした連邦政府資金の直接投入は、史上例のないことであった。規模も大きく、一九三二年、公共事業だけで一五億ドルの予算を組んでいた。しかし、資金は十分な担保を持つ大企業にしか貸し付けられなかったり、有料道路、公営住宅など元手の取れる可能性のある事業にしか融資しないなどの制限があり、資金はそれを切に必要とする企業には渡らなかった。恐慌下の経済を立て直すにはRFCの資金は少なく、しかも公共事業の予算のうち、実際に使われたのは二〇パーセントのみだった。同じ年に連邦住宅法も制定し、住宅ローンへの救済も試みたが効果はなかった。

フーヴァーの恐慌に対する政策は成果を上げることがなかったが、以上示したように、全く無策だったわけではない。特にRFCは後のニューディールに先鞭《せんべん》をつけることになった。フーヴァーは、それらの政策を通して私的企業に刺激を与え、景気が自然に回復するのを待とうとしたが、結局、恐慌から脱するためには政府が主体になって経済を動かすしかないということが明らかになっていった。

フランクリン・ローズヴェルト

一九三二年の大統領選挙は、民主党から立候補したフランクリン・D・ローズヴェルトの大勝利となった。フーヴァーは共和党から再び候補に推されたが、恐慌が深刻化するなかで彼の人気は地に落ちていた。変化を望む国民にとって、ローズヴェルトは格好の人物だった。彼は親しみやすい人間性とハンサムな外見で人々を魅了し、国民の失いかけた自信を取り戻し、彼らに希望を与える資質を持っていた。ある女性は、「彼が台所に入ってきて朝のコーヒーを望んでも」、彼にならば快くコーヒーを出してあげられると言っている。また、一九四五年四月、ある兵士はローズヴェルト急死の知らせを聞いて、「私は彼をよく知っているかのように感じた。彼もまた私を知っていて、私のことを好きだと思っているように感じた」と語っている。

ローズヴェルトは一八八二年、ニューヨーク州の名家に生まれ、ひとり息子として両親に大切に育てられた。遠い従兄にあたる元大統領セオドア・ローズヴェルトは、彼の目標になっていたという。ハーヴァード大学とコロンビア大学ロースクールに学んだ後、一九一〇年、ニューヨーク州議会議員として政治の道に入った。第一次大戦下にはウィルソン大統領の下で海軍次官補を務め、二〇年の大統領選挙では民主党から副大統領候補に指名され、敗れている。それから一年経たないうちに小児麻痺にかかり両足の自由を失い、生涯松葉杖などの支えなしに立つことはできなくなったが、政界に復帰する。一九二八年、ニューヨーク州知事アルフレッド・スミスが民主党から大統領候補の指名を受けると、彼の跡を継いで知事になり、三〇年には再び知事に選出された。そして、三二年の大統領選挙では、民主党大会の開催地シカゴに飛び、大統領候補指名を獲得したのである。

「私は、私自身と皆さんに、アメリカ国民のニューディール（新規蒔《ま》き直し）を誓います」と、ローズヴェルトは指名受諾演説で述べ、「ニューディール」は彼の対恐慌政策の名称となった。しかし、選挙戦中、このニューディールが具体的にどういうものなのか説明することはなかった。彼自身は明確な政策案を持たなかったが、政治経済の専門家たちを顧問に抱え、政府の役割を重視する革新主義的政策と二〇年代に進行した企業間協力とを結びつけることを漠然と考えていたようである。そして彼の方式は、革新主義において確立した「現代アメリカ」のシステム、すなわち、政府・企業・学界の協力関係からなる「知的探求体制」を推進することになった。彼の顧問である大学教授たちは当時のマスコミから「ブレイン・トラスト」と呼ばれたが、これこそまさに、「知的探求体制」の一翼を担うものだった。

最初の一〇〇日間

「私たちが恐れなければならないものはただひとつ、恐れること自体です」

一九三三年三月四日、ローズヴェルトは大統領就任演説で訴えた。恐慌はますます悪化し、特に銀行の倒産が相次ぎ、取り付け騒ぎが起こるなかで、国民の不安を和らげようとしたのだった。危機に陥った銀行の救済が急がれていたが、彼の行動は素早かった。二日後には、議会が特別会期を開くまでの四日間、全国の銀行を閉じることを決めた。銀行の閉鎖という本来なら国民が不安を募らせる事実に、彼は「バンク・ホリデー」という呼称をつけ、むしろほっとした気分にさせた。そして特別議会が開かれると同時に、緊急銀行救済法を提出し、数時間後に成立させてしまった。同法は、主として小銀行の業績不振が大銀行に波及するのを防ぐことを目的とし、財務省による全ての銀行の再開前の審査、業績不振の銀行に対する連邦政府の援助などを盛り込んでいた。ローズヴェルトは一二日、ラジオで「あなたのお金は寝床の下に隠しておくより、銀行に入れておいた方が安全です」と国民に保証した。国民は彼の言葉を信用したようだった。三日後までに四分の三の銀行が再開すると、国民は家に保管していた現金を再び銀行に預け入れ、その総額は一か月後には一〇億ドルに上った。

図15 ラジオのマイクに向かうフランクリン・ローズヴェルト

ローズヴェルトは国民に直接彼の考えや政策を説明しようとラジオを利用した。放送は、居間の暖炉の前で語りかける雰囲気を醸《かも》し出し、「炉辺談話《ろへん》」と呼ばれ、大統領に対する国民の信頼感と親しみを育んでいった。第一回の炉辺談話に感動した国民のひとりは、「私は昨晩大統領が私の家に入ってきて、椅子に座り、私やアメリカ市民たちが彼に与えた仕事に対して、彼はいかに立ち向かっているか、易しく力強い言葉で説明している感じを持ちました」と、大統領秘書に書き送っている。

禁酒法は一九二〇年代の最大の争点のひとつだったが、就任早々、ローズヴェルトは廃止に向けて動き出した。そして一九三三年一二月には憲法修正二一条の批准により、一四年近く続いた禁酒の時代は終わりを告げ、新しい時代に入ったことを印象づけた。

言葉だけで内容はつかめなかったニューディールは、ローズヴェルト政権発足後すぐにその内容が明らかになった。最初の一〇〇日間に、大統領と議会は十数もの法律を制定したのである。しかもそれらは、政府の主導の下に経済の建て直しを図る大胆な政策であり、多岐にわたっていた。以下に、重要と思われる政策をいくつか見てみよう。

農業は恐慌以前から過剰生産、農産物価格低下などの深刻な問題を抱え、恐慌下で農民はますます貧窮し救済が急がれた。そうした問題に対処するために、一九三三年五月、農業調整法（AAA）が制定された。同法は連邦政府が、農民の生産削減に対して補助金を支払い、農産物価格を大戦前の価格まで保証することを規定していた。ＡＡＡが発足した最初の年はすでに穀物の作付けも終わっていたので、生産量を減らすために大量の穀物が破棄された。また六〇〇万頭以上の豚も殺された。飢餓があるなかで大量の食糧を廃棄することは当然ながら非難を受けた。

ＡＡＡは農業を安定した基盤に乗せるうえで成果を収めた。一九三四年以後、農産物価格は実際に上がり、三年以内に農業総収入は五〇パーセント増えた。これは二〇年来なかったことである。しかし、ＡＡＡの恩恵を受けたのは農地を所有する大農民であり、貧しい小作農民にはかえって不利に働く傾向があった。たとえば、南部の綿作地域では、農場主が政府から補償金をもらって作付け面積を減らしたために小作農民が農地を追い出され路頭に迷った。

一九三六年一月、最高裁判所は、連邦政府には農民の作付け面積を制限する権限がないとし、ＡＡＡに違憲判決を下した。しかし、議会は数週間後にＡＡＡと類似の法律を制定し、これは最高裁の反対を逃れることができたので、政府の指導の下での生産制限は続けられた。新しい法律では、地主が政府から受ける補償金の一部を小作農に支払うよう取り決めたりして、ＡＡＡにはなかった貧農の保護も考えたが、地主が支払いを渋ったりし、実際には大きな成果が見られなかった。こうしたなかで黒人は全く見放されていた。

全国産業復興法（NIRA）

一〇〇日間に制定されたニューディール諸法のなかで、最も代表的とされるのは全国産業復興法（NIRA）である。NIRAは価格と賃金の下降を止めることにより産業を復興させることを意図し、そのために各産業界を代表する企業が政府の指導の下に協定を結び価格と賃金の安定を図るものだった。全国復興局（NRA）責任者に任命されたヒュー・ジョンソンは、各企業にNRAの示す最低賃金と最長労働時間と児童就労廃止を含んだ規定をつくらせ、また、産業界の指導者には価格や賃金の最低基準、雇用と生産に関する協定をつくらせ、公正な条件の下での競争を確保しようとした。企業間協定は企業自身が望んだことでもあり、独占禁止法に触れたが、NIRAにもとづく企業間協定は対象から除外されることになっていた。ジョンソンはNRAの規定を受け容れたことを意味する青鷲《あおわし》のシンボルマークをつくり、消費者はマークのついた会社の製品を買うよう、あるいは窓にこのマークのある商店やレストランを利用するように勧めた。

NIRAはまた、雇用を創出するために、公共事業局（PWA）を設立し、政府資金を投入して道路、橋、学校、病院、図書館、最初の公共住宅などの建設を行った。責任者は締まり屋の内務長官ハロルド・イッキーズで、初めは恐る恐る資金を供出していたが、三九年閉鎖になるまでに三万四〇〇〇の建造物に六〇億ドルを投入した。

NIRAは企業側の要望に応えるだけでなく労働者の権利にも配慮し、第七条a項において、労働者の長年の要求だった労働組合結成および団体交渉の権利を保障した。この後、労働組合は加入者数を増やしたが、雇用者側は必ずしも労働者の要求に応えず賃上げもなされなかった。

ジョンソンの派手な宣伝効果もありNIRAは国民の支持を得た。しかし、NRAの指導の下で物価が引き上げられたにもかかわらず期待された景気上昇は起こらず、一九三四年の春にはNIRAは多くの批判を受けるようになった。NIRAの条項にもかかわらず企業は団体交渉に応じず、賃上げも達成されず、労働者たちの不満は高まった。また、進歩派の人々はNRAは企業に支配されており独占を助長すると批判した。しかし、こうした批判にさらされたNIRAも、一九三五年、連邦最高裁判所がNIRAの規約に憲法違反の判決を下したことで終結を見ることになる。

NIRA、AAAのいずれにおいても、政府の主な役割は企業や個人の復興・救済について彼らが立てる計画を援助し、指導するという間接的なものだった。直接政府が計画を立て事業を行ったのが、テネシー川流域公社（TVA）による総合開発である。政府がテネシー川にダムをつくり安価な電力を供給する計画は、革新主義の時代から持ち上がり、第一次大戦中にマスル・ショールズ・ダムの工事も始まっていたが、競争を恐れる電力会社の強い反対に遭《あ》い中断していた。一九三三年五月に議会で設立が承認されたTVAは、ダムを完成させるだけでなくテネシー川流域にいくつものダムを建設し、電力を供給することのほか、住民を長年苦しめてきた洪水の被害から守り、植林を行い、地域の産業を起こし、農業の生産性を上げるなどの総合的な開発を意図していた。TVAは、既存のダムを改善したほか新たに二〇のダムをつくり、水路を開き、洪水を防ぎ、電気の通っていない数千の人々に電力を供給した。そして安価な電気を供給するTVAはアメリカ最大の電力供給者ともなった。そのほかにも、土地の浸食を防ぎ農業の生産性を上げることなどによって、地域住民の生活水準を引き上げた。TVAの事業によっても流域住民の貧困は消滅しなかったが、TVAは全体的には経済的成功を収めたといえるだろう。

その他失業救済のために、民間資源保存団（CCC）や民間事業局（CWA）が設立された。前者は植林や自然資源保護を目的としており、一八歳から二五歳までの青年二五〇万人を雇用し、実績を上げ人気もあった。CWAは元ソーシャルワーカーのハリー・ホプキンズの下で様々な職種の人々を四二〇万人も雇用し、四〇万もの事業に注ぎ込まれた政府資金は経済学者ケインズの言う「呼び水」の効果が期待された。しかし、ローズヴェルトはこのことを認識せず、あまりの出費の大きさに驚き閉鎖してしまった。結局CWAは一九三三年一一月の発足から三四年四月の閉鎖までに一〇億ドルの政府資金を費した。

ニューディールへの批判

一九三五年になるとニューディールの立場は難しくなった。前述のようにNIRAを違憲とし連邦政府の権限を制限する動きが最高裁に見え出した。また世論の批判も強くなってきていた。左右両派から批判を受けたが、右は実業界からで、ニューディールで強化された大統領の権限、官僚制、企業に対する規制などを嫌い、ニューディールの政策に対して「浪費」「おかしな経済学」「社会主義的」であると敵意さえ表し、ローズヴェルトの名前さえ口にするのを嫌い、彼を「ホワイトハウスのあの男」と呼ぶありさまだった。左の共産主義者や社会主義者は、ニューディールが企業寄りなことを批判した。これらの反対者よりも大きな脅威は、大衆の支持を受けた勢力だった。特に、ルイジアナ州元知事で上院議員のヒューイ・ロング、カリフォルニアの医師フランシス・タウンゼンド、デトロイト郊外の神父チャールズ・コグリンは、ニューディールによっても救済されない労働者や失業者、貧農などの支持を多く集めていた。

そのなかでも最も強力なのはロングだった。彼は企業およびそれと結託した政界を攻撃し、一九二八年に知事に選出され、学校や病院、道路を建設したり、無償で教科書を配布したり、光熱費を引き下げたりなどし、大衆の絶大な支持を受けていた。そして彼は、ルイジアナの政治において独裁的支配権を握り、「私がルイジアナの憲法だ」と豪語するほどだった。三〇年の選挙で上院議員となり、初めはローズヴェルトを支持していたが、政権発足後半年もすると、より徹底した改革として「富を分かち合おう計画」を提唱し、政権に反対するようになった。一〇〇万ドル以上の年収と五〇〇万ドル以上の財産に高額な税をかけ、そこから得た財源によって、各家庭に五〇〇〇ドルの家屋敷と二五〇〇ドルの年収を保証するというのが、「富を分かち合おう計画」の内容であった。ロングは、「富を分かち合おう協会」を組織し、大統領選挙に向けて運動を始めた。「協会」の支持者は彼の出身地の南部だけでなく全国に広がり、会員数は公称で七五〇万人以上とされたが、少なく見積もっても四〇〇万は下らなかったと推定される。民主党全国委員会が三五年春に行った調査によると、ロングが第三党を結成して大統領選に立候補すれば全投票数の一〇パーセントを獲得すると予想された。同年九月、ロングは暗殺されその政治活動は短命に終わったが、華々しい個性で大衆を引きつけた「独裁者《キングフィッシュ》」ロングは、アメリカにおける反エリート主義の歴史に名をとどめている。

コグリンはデトロイト郊外の町ロイヤル・オークのカトリック神父であり、ラジオを通じて説教をし全国的に知名度を高めていた。説教では、一八九〇年代に人民党が唱えた通貨の拡大によるインフレ政策や銀行の国有化などを主張し、また、反ユダヤ的色彩も見られた。初めはローズヴェルトを支持していたが、次第に、ローズヴェルトが大企業など金権勢力に対して厳しい政策をとらないことに失望するようになった。一九三五年春、「全国社会正義同盟」を組織し、資本家を保護するニューディールに反対した。毎週放送される彼の説教の聴取者は四〇〇〇万に上るといわれ、カトリック教徒以外の支持も集めていた。

タウンゼンド医師は、連邦政府の老齢者年金を提案していた。彼の計画は、六〇歳以上の全てのアメリカ人は、毎月二〇〇ドルの年金を受けて退職しこれを全て使い切るというものであり、これによって経済に刺激を与えることも期待していた。運動は三三年に始まり、彼の案を広めるために組織されたタウンゼンド・クラブの会員は五〇〇万人に上った。会員は年輩者が多く強力な政治基盤を形成し、三五年の社会保障法成立にも影響力を及ぼしたことは否めない。

これらの煽動的な指導者に率いられたいわば草の根の運動は、経済的困窮に対して政府に援助を求め、また、組織化され強大化する企業の力に無力さを感じる大衆の心情を代弁していた。こうした大衆のニューディール批判の高まりは、ローズヴェルト政権にとって大きな脅威となり、新たな政策が考えられることになった。

第二次ニューディール

一九三五年から展開された対恐慌政策は、高まっていた批判をかわすという目的があったことは確かであるが、ニューディールの新しい方向を示していた。最初の一〇〇日間の経済復興・救済のための諸政策が大企業保護の傾向があったのに対し、三五年以降展開された第二次ニューディールと呼ばれる諸政策では、労働者や国民の生活保障が重視されたのである。

NIRAの第七条a項における労働者の権利の保護は、最高裁のNIRA違憲判決後も、新たに制定した全国労働関係法（通称ワグナー法）により強化された。同法の下で設立された全国労働関係委員会は、企業に労働組合を認め団体交渉を行うよう指導する権限が与えられていた。ローズヴェルト自身は必ずしも労働者側に譲歩する同法案に肯定的ではなかったが、労働者が力を増し政治的に無視できない勢力になっていることから、彼らの要求に応える必要性を感じ法案成立を認めたのだった。

三〇年代には労働運動が活発化したが、これは政府の労働組合支持政策にもよるが、主として過激化した労働者の運動がもたらした結果だった。二〇年代には福祉資本主義、会社の御用組合など企業の進める懐柔政策や労働組合自身の現状維持的な態度もあり、労働運動は衰退していた。しかし三〇年代、恐慌下に生活が脅かされると、労働者はNIRAやワグナー法に守られて組合に参加し、激しい運動を展開した。三四年には、労働組合の承認を要求するストライキが各地に頻発し、特に、ミネアポリスやサンフランシスコなどのストライキは、雇用者や地元の警察との武力衝突もともなうものとなった。これらの動きは、ＮＩＲＡに触発されて起こったといえるが、労働者の力を示しただけで組合承認を勝ち取ることはできなかった。

それまでアメリカの労働組合の中心は熟練工からなる職能別組合のアメリカ労働総同盟（ＡＦＬ）だった。しかし、二〇世紀のアメリカの産業はすでに大部分が非熟練の労働者によって支えられており、旧態依然たるＡＦＬのような組織では多くの労働者の要求を反映することはできなかった。そうしたなかで、非熟練労働者も含め全労働者をひとつの産業のなかに組織する産業別組合の必要性が叫ばれるようになった。指導者は鉱夫労働組合のジョン・ルイスで、強烈な個性と雄弁さで多くの労働者を引きつけた。初めはＡＦＬ内部で産業別組合の組織を試みたが、次第に職能別組合の指導者と敵対するようになり、三八年、産業別労働組合会議（ＣＩＯ）を結成しＡＦＬと袂《たもと》を分かった。初代議長にはルイスが選ばれた。

ＣＩＯは労働組合に多くの新しい組合員を加えた。ＡＦＬは組合員を熟練工に限り、女性や黒人、マイノリティは排除していた。産業別に組織されたＣＩＯの組合は非熟練労働者が多かったが、そのなかには紡績、クリーニング、煙草製造などに雇用された女性やマイノリティも含んでいた。ＣＩＯは広範囲の労働者を組織し、それまでほぼ無力に近かった労働者を経済においても政治においても強力な存在としたのである。

各産業の労働者の組織化は企業の強い抵抗に遭い、なかでも自動車や鉄鋼産業においては熾烈《しれつ》な戦いのなかで会社の組合承認を獲得するのに成功した。ジェネラル・モーターズ（GM）では、労働者が座り込みという新しい戦術に訴えた。それまではピケを張り労働者を工場内に入れない戦術がとられていたが、座り込みでは逆に労働者は工場内に居座り、労働者も工場を出ることも拒否するのであり、ストライキ破りを防ぐ効果があった。三六年一二月にGMのデトロイト工場で始まった座り込みは、三七年二月にはGMの他の一七工場に広がった。長期化するストライキに対して、民主党リベラルのミシガン州知事は州兵の出動を拒《こば》み、また、連邦政府も雇用者側に立って介入することをしなかった。雇用者は労働者の要求に従うほかはなく、統一自動車労働者組合（UAW）を認めることになった。座り込み戦術は他の産業でも採用され一定の効果を上げたが、世論の批判が大きくなり、短期間で放棄しなければならなかった。

労働組合の承認を求める労働者の過激な行動に対して雇用者側は激しく抵抗し、一九三七年は労働運動史上、労使が最も激しく対立した年のひとつとなった。結局は雇用者側が譲歩することになり、この年の終わりには労働組合員数は八〇〇万を超え、一九四一年には一〇〇〇万に膨れ上がった。これは三二年の三〇〇万からみると三倍以上の数だった。以後労働組合は、政府、企業、研究機関とともに現代アメリカを動かすシステムの一環を占め、政治・経済において無視できない力となる。

第二次ニューディールの諸政策は、企業寄りとの批判に応えるかのように労働者や国民一般の生活を保障したり、より積極的な失業者救済を行ったりするものだった。そのなかでも画期的なのは、なんといっても一九三五年における社会保障制度の導入である。政府が国民の老後や失業中の生活、子供の養育費を年金や補助金のかたちで援助するという福祉国家的な政策は、他人に頼らないことを良しとする伝統的なアメリカ個人主義に反するものであった。ニューディールの政策担当者も、社会保障を福祉とみることは好まず、保険であると主張していた。実際、年金も失業保険も経済的に困窮しているいないにかかわらず受け取ることができた。その後社会保障制度は拡充され、アメリカ国民の生活設計に欠かせないものとなった。

同じ年に設立された事業促進局（WPA）は、予算の面（最初は五〇億ドル）でも意気込みの面でも以前の失業救済事業をはるかに超える大規模なものだった。WPAによって建てられた学校、郵便局、図書館などの公共建築物の数は一一万に上り、六〇〇の飛行場、五〇万マイルの道路、一〇万の橋が建設された。現在でもコンサートや展覧会などに行くと、その会場がWPAによって建てられたものであることがある。WPAの事業は広範にわたり、作家や画家、音楽家、舞踊家、俳優などにも仕事を提供した。失業中の作家を雇ってまとめられた各州の歴史や、約二〇〇〇人の元奴隷の黒人たちを対象に行った聞き取り調査などは、今日でも重要な歴史研究の資料となっている。またWPAの事業によって職を得た人々は、一九三五年から四三年の間に八五〇万にも上った。

WPAに並行して全国青年局（NYA）は、一六歳から二五歳の高校・大学生に仕事を提供し学費を援助した。また三七年以降は、合衆国住宅局が貧困者層向けに住宅を供給した。こうしてかなりの数の国民がニューディールの事業と何らかのかたちで関わりを持つことになったのである。

ローズヴェルト連合

一九三六年の選挙で、国民はローズヴェルトとニューディールにほぼ全面的な支持を与えた。ニューディールに反対する保守派は存在していたが、保守派はこの年には共和党の多数を制することもできなかった。選挙戦では、共和党は、憲法および均衡財政を守りながらニューディールを継続するという路線で、穏健派のアルフレッド・ランドンを大統領候補にして戦った。また、反ニューディールの草の根運動は、ロングの死後強力な指導者を得られず力を失った。結局、選挙はローズヴェルトの圧勝に終わり、彼は二州を除いた全ての州を勝ち取った。議会も、民主党が上下両院で三分の二以上の議席を占めることになった。

この選挙で、民主党は多数政党としての地位を確保したのであるが、その際政党支持層の再編成が行われていた。ローズヴェルトおよび民主党の勝利は、西部および南部の農民、都市の労働者、失業者、貧困者、黒人のほか、従来からの革新主義者、リベラルな知識人などの支持によるものであったが、これらのローズヴェルト連合と呼ばれる支持基盤がその後数十年にわたる民主党の議会での多数政党としての地位を保証することになった。特に、組織化された労働者が支持基盤を提供するようになり、また、「リンカーンの政党」だった共和党を伝統的に支持してきた黒人が、これ以後、弱者の政党としての民主党の安定した支持者になったことは重要だった。世紀末二〇〇〇年の大統領選挙においても、このことは変わっていない。

ニューディールの行き詰まり

一九三六年の選挙で圧倒的な国民の支持を得たかに見えたニューディールは、その数か月後には困難に直面する。ひとつはローズヴェルト自身の政治的誤算が引き起こしたものであり、いまひとつは経済が再び不況に陥ったことであった。

選挙で国民から全権を委任されたと信じたローズヴェルトは、大統領、議会と並ぶ三権のひとつである裁判所も支配することを企てた。これまでNIRA、AAAと第一次ニューディールの要《かなめ》ともいえる法律に違憲判決を下した最高裁が変わらないかぎり、社会保障法やワグナー法などの新たな法律も危ういと考えたのである。ローズヴェルトは、これまで九人だった最高裁判事に新たに六人を加え、最高裁のニューディール支持を多数派にしようとした。一九三七年議会に提出されたこの「裁判所詰め替え」法案は激しい攻撃を受けることになった。彼は、裁判所も大量の仕事をこなすためには若い血を入れることが必要だと説明したが、これを信じるものはなく、ローズヴェルトのやり方は自分に都合よく憲法を利用する独裁者の常套手段であると非難された。その間、最高裁の態度に変化が起こり、ワグナー法や社会保障法を合憲とする判決が下された。また、保守派の判事が退職し、その後をローズヴェルトが任命した判事で埋めたことにより、最高裁はローズヴェルト支持になった。しかし、「裁判所詰め替え」の試みは、民主党内にもローズヴェルト批判を引き起こし、特にもともとニューディールの諸政策に反対だった南部保守派の民主党議員を敵に回すことになってしまった。三七年からは、彼らは共和党議員と組んでローズヴェルトの政策を阻止するようになる。翌三八年の中間選挙では、ローズヴェルトは彼の政策に反対する南部上院議員の落選を試みて運動したが、彼らは全て当選し、同じ民主党内でのローズヴェルト政権との溝はますます深まった。

一方、経済も一九三七年秋から三八年にかけて不況に陥った。三七年夏、国民所得が恐慌前の水準に近づいたことで、景気の回復と判断し、予算の均衡を取り戻そうとそれまでの救済・復興政策の予算を大幅に削った。ローズヴェルト政権はこのことが景気落ち込みの直接的原因であると考え、三八年四月、公共事業・救済事業の支出を増やすと、経済は再び回復の兆《きざ》しを見せ始めた。しかし、ニューディールはその頃には終焉を迎えていた。ローズヴェルト政権も以前のように議会の支持を期待することはできず、新たな政策を通すことは難しくなっていた。それ以上に、国際情勢が緊迫化し、ローズヴェルトの関心も軍備の方に移っていった。結局、アメリカ経済は、その後拡大した軍需生産によって一挙に回復し、未曾有の好景気を迎えることになる。

ブローカー国家とマイノリティ

ニューディールは連邦政府の強大化をもたらした。連邦政府は企業の活動を統制しただけでなく、財政支出によって自ら事業を行い、福祉政策にも乗り出していった。このなかで、様々な利害を持った集団が形成され、それぞれの要求を政府に訴えるようになった。ニューディール前には、強力な利益集団といえば企業しかなかった。しかし、ニューディールでは労働組合が成長し労働者の利益を主張し、企業に対抗するようになった。政府は企業だけでなく、様々な集団が利益を求めて競い合うなかで、これらの間に立って要求を受けたり抑えたりし、いわば「ブローカー」的役割を果たすことになった。後の歴史家が、ローズヴェルトがアメリカに残したのは「ブローカー国家」だったとする所以《ゆえん》である。

複数の利益集団が競い合う「ブローカー国家」で、政府が要求を聞くのは力を持った集団になってしまう。経済力政治力のある企業の声が通りやすいのは当然であるが、ニューディールの下では、労働者は過激な運動を通して政府に圧力をかけ、農民も団結力を示し無視できない存在となった。失業者や老齢者は組織力では劣ったが、数の多さで政府の注意を引いた。しかし、黒人などのマイノリティ、女性は利益集団として自分たちの要求を掲げて発言する力は持たず、政府には無視される傾向にあった。今日では、彼らは「ブローカー国家」の利益集団のなかでも最も強力に、それぞれの利益を主張しているように見えるが、それは一九六〇年代以降のことである。

黒人の地位はニューディールの下で、わずかながら向上したといえる。ローズヴェルトは南部民主党の支持を失いたくないこともあり、大胆な平等化政策はとらなかったが、夫人エレノア・ローズヴェルトなどの影響もあり、政府内の重要な地位に黒人を任命したり、救済事業に黒人も含めたりした。エレノア・ローズヴェルトは、一貫して、強く人種差別に反対したといわれている。たとえば、黒人オペラ歌手マリアン・アンダーソンがワシントン唯一のコンサートホールだった「独立革命の娘たちの講堂」で歌うことを拒否されたとき、ローズヴェルト夫人はリンカーン・メモリアルで歌うように手配したのである。アンダーソンを聴くために七万五〇〇〇の聴衆が集まり、このコンサートは最初の大規模な公民権運動の集会ともなった。ローズヴェルト大統領は特に黒人を重要な利益集団とは考えなかったが、ニューディールの救済事業は彼らに関係することも多く、一九三二年の選挙までは大多数の黒人が共和党に投票していたのが、一九三六年では九〇パーセント以上が民主党に投票するようになった。この傾向は今日まで続くことになる。

インディアンもブローカー国家のなかで無視されがちな存在だったが、ローズヴェルト政権下において、部族としての土地保有や文化の保存が認められ、部族の壊滅に歯止めがかけられた。これは、インディアン問題担当官ジョン・コリアーの努力によるものだったが、彼はあらゆる文化の価値を尊重する文化多元主義の立場からそれまでの同化政策を否定し、一九三四年、インディアン再組織法を成立させたのだった。

女性もブローカー国家からはみ出していたが、政府の要職に任命されるなどの進歩が見られた。たとえば、労働長官のフランシス・パーキンズは史上初の女性閣僚だった。しかし、ローズヴェルト政権はパーキンズも含めて、家族の稼ぎ手は男性であるとする伝統的なジェンダーの観念からはずれた政策をとることはなかった。NRAは男女の賃金格差を認めたし、ニューディールの救済事業は女性の雇用に消極的だった。

ニューディールにおいては、以上のようにマイノリティや女性などは政策の対象からはずれることが多かったが、国民がそれぞれの利益を代表する集団を通して政府に援助を要求するというアメリカ政治のパターンをつくり、そこでは政府の役割に対する国民の期待は大きくなり、政府の権限は巨大化していった。「現代アメリカ」のシステム、すなわち政府・企業・研究機関の協力体制は、そのなかでどちらかといえば補助的であった政府の役割を、ニューディールの下で強化し、戦時体制へと進んでいくことになる。

第5章　アメリカの世紀へ――一九四〇年代前半

「アメリカの世紀」

一九四一年二月一七日、『ライフ』誌に「アメリカの世紀」と題する論説が載った。「二〇世紀はアメリカの世紀にならなければならない」とし、「自由」と「正義」の理想の原動力であるアメリカは、戦火が広がる世界において、「最初の偉大なアメリカの世紀をつくり出すために」積極的に行動しようと読者に訴えるものだった。筆者は、ヘンリー・ルース。同誌を五年前に、それ以前に『タイム』や『フォーチュン』を創刊しているアメリカ随一のジャーナリストである。「アメリカの世紀」とは、豊かな物質文明に支えられたアメリカ的生活様式が自由と民主主義の理念とともに世界に広がることを意味したことは、序章で述べた。そのアメリカ的生活様式は、これまで見てきたように、二〇世紀初頭に興隆した「現代アメリカ」のシステムに助けられて形成されたものだった。

大恐慌がアメリカ的生活様式を国民の広範囲（全体ではない）にわたって破壊したとき、これに対処したニューディールは「現代アメリカ」のシステムの下で動いていた。政府と企業と学者・学識経験者の協力関係のシステムである。当初のシステムでは、企業の力が強かったが、ニューディールでは、政府の力が強大化していた。

アメリカ国内ではニューディールが行き詰まりを見せていた一九三〇年代末、不安定な要素を抱えながらも平和を維持していた世界の情勢は悪化し、特にナチスの台頭、東アジアでの日本の侵略行為などアメリカにとっても無視できない状況に陥っていた。しかし、アメリカ国民の間では、ヨーロッパで戦争が始まった後も、紛争に巻き込まれまいとする中立維持の立場が強かった。先の大戦が大きな犠牲を強いながら戦後の世界に期待したような民主主義をもたらさなかったことで幻滅感を味わい、しかも戦争によって得をしたのは企業だけだったという報告も出るに及んで、戦争にはこりごりしていたのである。しかし、フランスをはじめヨーロッパの大半がヒットラーの手に落ち、日本が中国大陸に勢力を広げるといった状況のなかで、アメリカ国内でも参戦を主張する声が出てきた。ローズヴェルト政権はアメリカ参戦の必要を感じていたが、世論の大勢は依然として不介入の立場を固持しており、イギリスを援助する以外に対策がとれないでいた。

ルースの「アメリカの世紀」はそのようなときに、世界を危機から救うためにも、新たな戦後世界の形成のためにも、アメリカが連合国側に立って参戦すべきことを訴えたのである。ルースの論説が出た九か月余り後に、日本の真珠湾奇襲攻撃によりローズヴェルトは参戦の大義名分を得ることになる。

参戦したアメリカは、第二次大戦後全ての国が戦禍で疲弊したなかで、唯一、国土は無傷のまま残り、軍需がもたらした経済の繁栄は戦後も、直後のほんのわずかな期間を除いて継続した。アメリカは戦争によって、恐慌から脱し、アメリカ的生活様式を守り、さらにこれを発展させる地位を得たのだった。そして、戦後の世界において、他の国々の援助者として、または占領者として、支配権を振るうことになる。そして同時に世界中にアメリカ文明を広げていく。第二次大戦は、二〇世紀後半の世界に、まさにルースの言う「アメリカの世紀」を築いたのだった。

中立政策へ

未曾有《みぞう》の経済不況と政府のとった前代未聞の政策であるニューディールに、アメリカ国内が騒然としていた頃、国際社会にも不穏な動きが起こっていた。東アジアでは日本が中国支配を目論み、一九三二年には満州国を設立して自国の領土同様に支配し、三七年には中国と戦争を始めた。ヨーロッパではイタリアとドイツに独裁政権が生まれ、それぞれ国外に支配権を広げようとしていた。イタリアは一九二二年政権を取ったムッソリーニが、一九三五年にエチオピアを占領していた。ドイツではヒットラーが、ローズヴェルトが大統領に就任した同じ三三年三月に、総統として独裁権を獲得していた。日独伊の三国は、国際社会で経済的政治的に優位にある英米仏に対抗する点で一致し、一九三六年から三七年にかけて枢軸国として三国同盟を結んだ。英米仏はこれら三国の動きに警戒し国際連盟などを通して国外への侵略の動きを阻止しようとしたが、いずれも効果はなかった。特にドイツの動きには無抵抗で、一九三八年、英仏はミュンヘン会談でドイツによるチェコスロヴァキアのズデーテン地方占領を「名誉ある平和」を確保するために承認した。翌年、ヒットラーはソ連と不可侵条約を結んだが、反共を掲げていたヒットラーとイデオロギーが全く対立するソ連との協定は、各国を驚かせた。両国はこの取り決めによって、ポーランド分割を容易にしたのである。ドイツはこの協定から一〇日もしないうちに、ポーランドを侵略した。同盟国ポーランド侵略は、さすがの英仏も黙認できず、ドイツに宣戦布告し、ヨーロッパは第二次大戦に突入した。

ドイツは一か月後にはポーランドを降伏させ、さらにデンマーク、ノルウェー、ベルギー、オランダを支配下に置き、一九四〇年にはフランスを占領した。戦局が有利に展開すると、四一年、ヒットラーはソ連との不可侵条約を破棄し、ソ連への攻撃を始めた。

ローズヴェルトは、恐慌対策を第一に考えながら、貿易を促進するために関税引き下げを追求したり、枢軸国以外の諸国との関係改善を進めたりしていた。ラテンアメリカ諸国に対しては経済的関係の強化に努め、軍事不介入を表明し「善隣外交」を進めた。また、ソ連についても、恐慌下のアメリカ産業の市場を広げようと、資本主義に敵対する国としてのそれまでの不承認政策を破棄し、一九三三年、外交関係を結んだ。

枢軸国の侵略行為に対しては、ローズヴェルトは激しく非難しながらも、中立政策をとった。日本に対しては、フーヴァー政権の下でスティムソン国務長官がとった満州国不承認の方針を継承したが、日本と対決することは避けた。また、イタリアがエチオピアに侵略したときも、スペインで内乱が起こりドイツやイタリアの援助を受けたファシスト政権が成立したときも、中立政策を盾にこれらを傍観した。ローズヴェルトは、国内の強力な孤立主義の世論に逆らうことは望まなかったのである。

アメリカ国民は、民主主義を守るための戦いのはずだった第一次大戦が、世界の人々に大きな犠牲を強いたにもかかわらず戦後に疲弊した世界を残しただけだったことに、幻滅感、挫折感を味わっていた。そして、二度と戦争に関わりたくないという気持ちを強くしていたとき、一九三四年、H・C・エンゲルブレクトの書いた『死の商人』が出版され人々の大きな共感を呼んだ。この本は、「早くも一九一五年三月、モーガン資本は、一二の有力な出版社、一九七の新聞からなる巨大な宣伝網を組織しそれに資金を注ぎ込んでいた。それは、アメリカ国民に連合国側に加わるよう説得するためだった」と述べ、軍需産業やモーガン社など金融資本家が国民を戦争に巻き込むためにたくらんだ「陰謀」を暴露したのである。連邦議会上院でも、ジェラルド・ナイ上院議員を委員長にした軍需産業調査のための特別委員会が、戦争でいかに軍需産業が巨額の利益を上げたかを示す報告書を出し、「死の商人」がアメリカを戦争に引き込んだと人々に信じさせることとなった。

こうした風潮のなかで、ヨーロッパやアジアで紛争が起こったとき、アメリカ人は、ナチスや日本軍の侵略に憤慨し、スペインの共和派や中国の民衆に同情したが、まず考えたのは自国が巻き込まれないようにするということであった。そのために制定したのが中立法であり、この法律は幾度か改正され強化されていった。一九三五年の最初の中立法は、イタリアのエチオピア侵攻に際して、交戦国への武器、軍需品の輸出や輸送を禁止した。三六年には交戦国への借款《しゃっかん》を禁止し、スペイン内戦が起こると、三七年、これらの規定を内戦にも適用することを決めた。また、交戦国は自国船を使用し即金で支払う場合に限って、アメリカから非軍需品を購入できるとした。

「民主主義の大兵器廠」へ

イタリア、ドイツの侵略がエスカレートするにつれ、世論も少しずつイギリス側に傾いていった。一九三七年七月には日本が再び中国への攻撃を始め、戦火は中国各地に広がっていった。ローズヴェルトは一〇月、シカゴで演説し、ドイツ、イタリア、日本の侵略者を「隔離」することを訴えた。ローズヴェルトに同感しても戦争を恐れる世論はこの演説に反発した。ローズヴェルトは日本との外交関係の断絶程度のことを考えていたようであるが、世論に逆らうことを避け、何の行動も起こさなかった。二か月後に日本がアメリカの砲艦パネイ号を長江で撃沈したときも、ローズヴェルトは、日本政府の謝罪と賠償金を受け入れただけだった。

中国やヨーロッパで戦火が広がるなかで、ローズヴェルトは世論の説得を試みながら徐々に中立政策から離れていった。三九年には、交戦国（主としてイギリス）が自国船即金払いで武器を購入することを認めた。四〇年、イギリスに前大戦での使い残しのアメリカの駆逐艦五〇隻を供与し、それと引き換えに西半球のイギリス領土にアメリカの軍事基地をつくる権利を得た。さらに史上初の平時における徴兵法を成立させた。

一九四〇年に共和党の大統領候補ウェンデル・ウィルキーを破り三選を果たしたローズヴェルトは、ウィルキー同様、選挙戦で「あなたの息子さんはいかなる外国の戦場にも送られることはありません」と訴えていた。実際にはローズヴェルト自身このことを本気で信じているわけではなかったが、大統領候補が選挙民を騙《だま》したのはローズヴェルトだけではない。後のベトナム戦争時の大統領リンドン・ジョンソンは、このときのローズヴェルトの言動をよく覚えていたというが、ジョンソンも一九六四年の選挙で大統領候補として選挙民の支持を得るために平和の回復を公約し、反故《ほご》にしている。いずれにせよ、四〇年の段階では多くの国民が戦争を不可避であると考えるようになっていた。そうしたなかで、あくまでも中立を主張する人々は、一九四〇年四月「アメリカ第一委員会」を組織し活動した。この委員会には、国民的英雄の飛行士チャールズ・リンドバーグやナイ上院議員、実業家など有名人が参加し、いくつかの有力な新聞や共和党の間接的な支持を受けた。アメリカの介入を支持する人々は「アメリカを守る委員会」を組織しており、四〇年の選挙戦を通して、中立派と介入派との熾烈《しれつ》な舌戦が展開された。

ローズヴェルトは、実際には軍備増強を始めていた。一九四〇年、四一年には軍用飛行機を大量に製造しただけでなく、国家国防研究審議会、科学研究開発局を設立し、大学や科学研究機関と政府資金による新たな武器開発のための契約を結んだ。ここに見られる政府と研究機関の協力は、いうまでもなく、世紀転換期に形成され、以後のアメリカ経済の推進力となってきた「現代アメリカ」の「知的探求体制」の発展である。第二次大戦下、アメリカは、政府主導の下に研究機関、企業が協力する「知的探求体制」によって軍事生産を進めた。その成果が、原爆の開発・製造、投下だったのである。

ローズヴェルトは、困窮し資金も枯渇したイギリスに無償で武器・軍需品を貸与する法案を議会に提出することを考えた。そして、一二月の炉辺《ろへん》談話で、国民に、戦争を回避する最上の方法はイギリスを援助することであるとし、アメリカを「民主主義の大兵器廠《へいきしょう》」にしようと訴えた。武器貸与法は、議会において、アメリカと連合国とのつながりをいっそう強めるとする孤立主義者の反対に遭《あ》ったが、四一年三月成立した。そして武器貸与のための七〇億ドルの支出も承認された。イギリスへの接近は急速に進んだ。ローズヴェルトは、八月には、イギリス首相チャーチルと大西洋上で会い、戦争の進め方、戦後処理について討議し、その結果を「大西洋憲章」として公表した。このなかには、戦後に世界平和のための恒久的機関を設立することが謳《うた》われていた。

武器貸与法は戦争へのアメリカの介入を深め、経済面だけでなく軍事面においても、アメリカは明確にイギリス側に加担することになった。貸与する武器をイギリスに安全に送り届けるため北大西洋を巡航していたアメリカ海軍がドイツ潜水艦の攻撃を受けたのである。四一年秋、ドイツとの戦争が目前まで来ていた。

しかし、アメリカの戦争は太平洋で始まった。日米関係は悪化の一途をたどり、日本がフランス領インドシナを占領すると、四一年七月、アメリカは在米日本資産を凍結し、対日石油輸出を禁止した。日本とアメリカは妥協の道を開こうと交渉を重ねたが、日本はアメリカが要求する仏領インドシナおよび中国からの撤退に応じず、日米間は破局へと向かっていった。そして、一二月八日、日本は真珠湾攻撃へと至ることになる。日本の宣戦布告書がアメリカ政府に手渡されたのは攻撃の一時間以上後だった。アメリカは翌日日本に宣戦布告し、一一日、ドイツ、イタリアがアメリカに宣戦布告した。

真珠湾

一二月七日（アメリカ時間）は、ローズヴェルトが訴えたように、アメリカ人にとって「恥辱のなかに記憶される」日となった。二〇〇一年九月一一日、同時多発テロが起こったときも、テレビや新聞はすぐに「真珠湾」を引き合いに出した。「真珠湾」はいろいろな人がいろいろなところで体験し、それはアメリカ人の歴史的な記憶となったのである。

午前八時頃、祖母が私を起こした。日本人が真珠湾を爆撃していると伝えた。私が「（この音は）練習しているだけさ」と言ったら、「練習じゃない。本物よ。軍港で働いている者は仕事場に来るようにとアナウンスしている」と祖母が言った。……（私が働く）軍艦ショー号は炎に包まれていた。

当時大学生だったデニス・キーガンは次のように語る。

真珠湾のニュースを聞いたとき、私は床下に横たわって漫画を読んでいた。ラジオがついていた。たぶんグレン・ミラーかベニー・グッドマンを聴いていたのだろう。しばらくは、（その知らせは）私には何の意味も持たなかった。……その夜サンフランシスコに行った。……マーケット通りは大混乱だった。人々は（映画館の）明かりを消そうと手当たり次第そのへんのものを電気に向かって投げていた。「ブラックアウト（消灯）！ブラックアウト！」と叫びながら。……下宿に帰って部屋が真っ暗だったので電気をつけたら、家主のケルハー夫人が悲鳴をあげた。「デニス、電気を消しなさい！　ジャップが来るのよ！　ジャップが！」夫人とその娘は恐怖に脅えしっかりと抱き合ってソファに座っていた。「金門橋が爆撃された」と言うので、私は「ちょっと前に金門橋を渡ってきたけど、何ともなかったよ」と答えた。しかし、彼女たちは恐ろしさに震え上がっていたので、私は電気を消した。

真珠湾攻撃は特に奇襲だったことから、アメリカ国民は、日本人を人間としての道義も知らない猿や爬虫類《はちゅうるい》や昆虫と同等の存在にみなし、以前からの人種的偏見も加わって、同じ敵国のドイツ人やイタリア人以上に嫌った。それまで戦争への介入に反対していた人々も、一斉に日本や他の枢軸国との戦争を望むようになった。議会の宣戦布告の決議は、上下両院を合わせて一票を除いて満場一致で可決した。全員が賛成のときにひとりだけ反対票を投じる勇気を示したのは、モンタナ州選出の下院議員ジャネット・ランキンで、彼女は第一次大戦のときも反対票を投じている。クェーカー教徒のランキンは平和主義の信念を貫いたのだった。真珠湾攻撃が奇襲だったことは、相手に大きな打撃を与えた点で効果的だったかもしれない。しかし、アメリカ人の気持ちを、ルールを守らない、卑怯な日本を倒さなくてはならないという方向に向けることになり、戦争のための動員を容易にし、かえってアメリカに有利に働いてしまったともいえるだろう。

国内の繁栄

第二次大戦はニューディールが果たせなかった経済の復興を成し遂げた。巨額の政府資金が軍需産業などに注ぎ込まれ、経済に刺激を与えたためであった。一九三九年に九〇億ドルだった政府予算は四五年には一〇〇〇億ドルになっていたが、戦争中の政府支出金の総額は合衆国建国以来の政府支出金を合計した金額の二倍以上に上った。そして、国民総生産も三九年には九一〇億ドルだったのが四五年には二一二〇億ドルに増えた。また、四一年に九〇〇万人いた失業者も四三年初めには消滅していた。

アメリカのなかでも特に軍需景気で潤ったのはカリフォルニアで、軍需生産の八分の一を受注していた。ダグラス社の航空機製造工場のあるロサンジェルスやヘンリー・カイザーの造船所に近いサンフランシスコは活況を呈した。カリフォルニア大学、カリフォルニア工科大学、スタンフォード大学にも政府の資金が注ぎ込まれ軍事研究の拠点となった。

人々の収入も増え、労働者の実質賃金は三九年から四五年までに二七パーセント上昇した。しかも、低所得者層の収入は高額所得者よりも大きな割合で増えた。最近のアメリカの好景気が多くの億万長者をつくり出す一方、貧富の差はかえって広げたこと、また、二〇年代の繁栄も富の不均衡をつくり出していたことを考えると、大戦下に大きな富の再分配が行われたことは注目される。恐慌で苦しんできた多くの労働者にとって、まさに戦争は恵みだった。「私たちは靴や洋服を買い、家賃を払って、食卓に食べ物を並べるお金が持てるようになりました。仕事があるのは幸せなことでした」と、ある女性は軍需工場で働いたことについて述べている。

第二次大戦の軍需景気で消費文化が再び帰ってきた。経済学者のジョン・K・ガルブレイスは、「戦時中、消費物資の消費量は倍増した。人間の紛争の歴史において、これほど犠牲について語られながら、実際には犠牲が払われなかったことはない」と当時を振り返っている。砂糖、肉、ガソリンなど一部の物資は配給になったが、食料も衣料も不足するということはなかった。労働者の家庭でも多くが生活必需品を購入してもまだ残金が手元にあり、彼らはそれで流行の服や宝石、高価な家具などの贅沢品を買うのだった。そして贅沢品を持つことで中産階級と肩を並べた気分になるのだった。一九四二年、宝石の売上高は、地域によっても異なるが、二割増しないし倍増したという。あるデパートの支配人は、「みんな、とにかくお金を使いたいのです。繊維製品に使わなければ、家具に使います。または……私たちが何かほかに買うものを考えてあげます」と述べている。デパートでの個人の買い物額が、大戦前にはひとりあたり平均二ドルだったのが戦争中には一〇ドルになったことからも、アメリカの戦時中における消費ブームがわかるだろう。購買意欲をかき立てるための商品の宣伝も盛んに行われ、戦時中に、広告の売上高はそれまでの歴史で最高額を記録した。

戦時中のアメリカの豊かさを、さらに、食料を例にして示してみよう。軍需景気で潤っていた西海岸の町の一五歳の少女は平常次のようなものを食べていた。朝食に、卵二個、絞りたてのオレンジジュース、果物、トースト、昼食に、サンドウィッチ二個あるいは肉、果物、クッキー、夕食に、肉、サラダ、二種類の調理した野菜、ほかに、牛乳コップ五、六杯、就寝前にビタミン剤、カルシウム、肝油を飲むための水コップ二杯。これでもこの少女はダイエット中だった。少女いわく、「ダイエットをしないでももっと細かったらいいのですが、私は食べるのが好きだから」。他の少年少女の食生活も同じようなもので、「私は食べ過ぎ」というのが多い。次に中学生の少女が一九四三年の感謝祭に書いた詩から一節を引用する。

私はもう七面鳥みたいにゴロゴロ鳴きそう。
どうして、豚みたいに馬鹿食いしたのかしらよろよろして歩けないようになるまで。

そして、パンプキンパイふた切れ、クランベリーソースを六回お替わりして「もう死にそう」と続けている。アメリカ国民は戦時中もクリスマスや感謝祭にはご馳走で腹を膨らませ、感謝祭には戦場の兵士たちに七面鳥を送り届けていた。

消費文化を共有すること、つまり同じものを買うことで、アメリカ人は階級や民族・人種の差はあっても同じアメリカ人であるという意識を持つことができた。感謝祭にみんなが（戦場の兵士も含めて）七面鳥を食べるというアメリカ人共通の体験は、戦時中でも続けられたのである。消費文化は多様なアメリカ人を統一する働きをしたが、国民の統一こそ、戦争を遂行していくうえで政府が最も望んでいたことだった。

生活水準が上がったといっても戦時中のことであり、自動車やその他の耐久消費財の生産は止められ、国民が手にした現金の量の割に物資が不足した。政府はインフレを抑えるために、物価を物価統制局の監督下に置き、また、戦時労働局は賃金の上昇も抑えた。インフレを抑えるために有効だったのは、増税と国債借り入れだった。収入額の最上層には九〇パーセント以上課税し、低収入層にも課税した。戦費の一〇〇〇億ドルが国債でまかなわれた。国民に国債を買わせるために、国債の購入は愛国心の証《あかし》であるとする宣伝が盛んに行われ、小中高の生徒たちも小遣いや働いたお金で戦時国債を購入した。

労働組合は、賃金抑制に憤然として抵抗した。軍需生産は彼らの手にかかっていた。議会は四三年、政府関連の生産を行う産業におけるストライキを犯罪行為とする法律を通過させ労働組合運動を抑えた。しかし、労働組合は戦時中組合員数を伸ばし、四一年の一〇〇〇万人余りから四五年には一三〇〇万に増えた。

戦時下の女性と子供

戦時下の労働者のなかで最も注目されたのは女性だった。女性労働者は、戦場に駆り出された男たちの抜けた後を埋める重要な労働力とされ、その数は六〇〇万（六〇パーセント）増えた。その多くは主婦だったが、それは女性の役割が家庭だけでなく家庭の外に広がったことを意味していた。軍需工場で働く女性は「リヴェット工《こう》（リヴェット釘《くぎ》を打ち込む労働者）ロージー」として、雑誌の表紙やポスターに描かれてもてはやされ、戦時下の女性の象徴となった。

しかし、現実の女性の多くは「ロージー」ではなかった。ほとんどの女性は工場ではなく、商店の店員、会社や政府の事務職員として働いた。また、戦時中に働いた女性の九〇パーセント以上は戦前にも働いた経験があり、戦争に協力しようという愛国心から働きに出た者は

図16　リヴェットエロージー　ノーマン・ロックウェルが描いた『サタデー・イヴニング・ポスト』の表紙

むしろ少なく、大部分は家計を助ける好機に飛びついたのだった。また夫が戦場に出た後の寂しさを紛《まぎ》らすために仕事を持ったりする者もあった。労働者階級の主婦のなかには、経済がよくなり夫の収入が増えると仕事を辞め家に入る者もいた。

女性が働くことで女性のイメージが変わったわけでもなかった。雇用主や政府の女性募集の宣伝では、それまで男の仕事とされた仕事を女性の家事になぞらえたりした。たとえば、旋盤の仕事はミシン掛け、化学薬品を扱う仕事はケーキづくりと同じという表現がよく使われた。また、広告に見られる働く女性のモデルは、つなぎの服を着ていても化粧をした「女らしい」魅力のある女性だった。

働く母親が増えたが、保育所は少なく「鍵っ子」が問題となった。戦時中に増えた青少年の犯罪は家庭における母親不在のせいとされた。しかし、青少年の犯罪には、戦時中の好景気で子供がお金を手に入れる機会が増えたり、世の中が落ち着かなかったり、また、少女の場合は、街に群がる若い兵士たちの誘惑など、様々な理由があった。

大戦下のアメリカの、特に一〇代の子供たちにとって、最も重要な経験は労働であろう。また、国の労働力の面からも、彼らは重要な位置を占めていた。「一般に信じられていることと違って、労働力拡大の要因としては、少年少女が学校を中途でやめたことの方が、働く女性の増加よりも大きい」と一九四三年に労働省は指摘している。一九四〇年から四四年に、一四歳から一七歳の働く少年少女は三倍以上に増え二八〇万を数えた。この時期のこの年齢層の人口減少にともない生徒数も減少しているが、被雇用者数は逆に伸びたのである。子供たちは大人たちが去った後の職場である商店やボーリング場、映画館などで働くことが多かったが、政府や識者たちは次代の共和国を背負う若者の学業がおろそかになることを恐れ、盛んに「学校へ戻れ」と指導したが効果はなかった。女性に対しては盛んに職に就くようにと勧誘したのと対照的である。

戦時下の黒人

黒人に対する差別は続けられたが、戦時下の人材不足は黒人にとって有利に働き、後の公民権運動の種がこのときに蒔《ま》かれたといえるだろう。まず軍隊には終戦時までに七〇万の黒人が採用されたが、初めは、陸軍は黒人を白人とは隔離して訓練し、戦闘要員にはせず、海兵隊や陸軍の航空部隊は完全に黒人を排除していた。しかし、戦争の進行とともに黒人も戦闘に必要となり、訓練での差別や隔離もわずかではあったが減っていった。

軍需景気は黒人に新しい職場を与え、南部の農場で雇われていた多くの黒人がカリフォルニアやミシガンなどの都市に移動した。北部の都市に一〇パーセント、南部の都市へはまた別の一〇パーセントの黒人が移動している。都市に移動した黒人たちは、これまで閉め出されていた製造業などの職に就き以前より高い賃金を得たが、差別はなくならなかった。黒人の指導者たちは差別撤廃を要求して、国外でのファシズムへの勝利と国内での人種差別に対する勝利の「ダブルV」を唱え政府の機関に働きかけた。そのなかで注目されるのは、A・フィリップ・ランドルフの運動である。ランドルフは軍需産業と軍隊における人種差別の撤廃を訴えるために、一九四一年七月、一〇万人以上の黒人を集めて「ワシントン行進」を行うことを宣言した。「ワシントン行進」といえば私たちはすぐに二〇余年後の指導者キング牧師を思い浮かべるが、その「ワシントン行進」の原案はこのとき企画されたのである。しかし予定の一週間前に、ローズヴェルトが混乱を恐れて介入したために、四一年の行進は実現しなかった。ローズヴェルトは行政命令八八〇二を出し、政府機関、職業訓練、政府関連事業の契約における人種および宗教上の差別回避を指示し公正雇用実行委員会を設立したのである。これを受けてランドルフは行進を中止した。

北部に移った黒人は白人の抵抗に遭った。カリフォルニアのリッチモンドの造船所で働いたある黒人によれば、高い賃金が入りそれで戦時国債を購入し、戦後に住宅を購入するなどより豊かな生活を享受したが、差別はジムクロウ（人種隔離）の南部よりも陰湿なものがあったということである。黒人はレストランに入れても、注文をとってもらえなかったり、食事はしても使った皿をウェイトレスが故意に割ったりということは日常茶飯事だった。また、ルイジアナからカリフォルニアに移住した女性は、水飲み場を使ったら後から唾を吐きかけられ、白人用黒人用に分かれていた南部の方が気が楽だったという話をしている。黒人と白人の正面衝突もあった。一九四三年には全米四七の都市で二五〇件のそうした衝突が起こり、なかでもデトロイトの事件では、白人九人、黒人二五人の死者を出した。

他のマイノリティ

ロサンジェルスでも人種暴動が起こったが、これは違った様相を呈していた。メキシコ人労働者は恐慌下には国に送還されたが、大戦下の労働力不足で呼び戻され、アメリカ南西部の農場や都市で働くことになった。都市には大きなメキシコ人コミュニティが出現し白人居住者との間に軋轢《あつれき》を生じていた。そうしたなかで、ロサンジェルスにおいて一〇代のメキシコ系少年たちと白人兵士たちの間に衝突が起こった。これは「ズートスーツ暴動」と呼ばれ、全米の注目を集めた。ロサンジェルスではメキシコ系の少年たちが一団となって街にたむろし、特にズートスーツと呼ばれる服を身にまとい人目を引いていた。ズートスーツは、肩の張った丈の長いだぶだぶの上着と腰のあたりはだぶついて足首のあたりで細く絞ったズボンといった服装で、彼らはこれにつば広の帽子をかぶり、長い鎖のついた時計をしていた。ズートスーツを着ることは貧しいメキシコ系や黒人の少年たちのあこがれであったが、白人中産階級の少年少女たちからは軽蔑視される服装だった。そんな服装で戦時中に街にたむろしていて、祖国のために戦っていた白人兵士の気に障《さわ》らないわけはない。四三年六月、ロングビーチの基地に駐屯していた水兵たちが、メキシコ系アメリカ人コミュニティに行きズートスーツの少年たちを襲った。少年たちは殴られ、服を引き裂かれ焼かれ、長髪は切られた。襲撃は四日間続き反撃した少年たちは逮捕され、ロサンジェルス市はズートスーツ着用を禁止した。この後連邦政府はメキシコ大使の抗議を受け、海軍軍人のロサンジェルス市街立ち入りを禁止した。この事件は、メキシコ系アメリカ人に対する白人の偏見・差別、若者たちの反抗的な文化、アメリカ社会のなかの階級対立などが噴出し、戦時下のアメリカ社会の一側面を象徴的に表したものといえるだろう。

インディアンも二万五〇〇〇人が軍隊に入ったが、黒人のようなあからさまな差別は受けなかった。興味深いのは、インディアンの言葉は敵に察知されないということで、通信に利用されたことである。直接戦争で働いた者にとって戦争は白人の社会に入り込むきっかけになったが、居留地のインディアンは経済的繁栄から取り残された。また、国の統一が強調されるなかでニューディールの下で始まったインディアン文化保存政策は後退し、白人社会への同化の圧力が強まった。

第二次大戦は黒人などマイノリティの地位をある程度向上させた。ドイツ、イタリアに対する敵対感情もヒットラーやムッソリーニに向けられただけで、移民たちを排斥することにはならなかった。そうした比較的寛容な空気のなかで、ユダヤ人に対して十分に援助の手を差し伸べたとはいえない。一九三九年、ナチから逃れる九〇〇人のユダヤ人を乗せた船が彼らの上陸を求めてアメリカ各地の港を回ったが、いずれにおいても拒否されヨーロッパに戻ることを余儀なくされている。そしてこの船の乗客のほとんどは収容所に送られることになった。

政府の日系移民に対する処遇は、大戦中の「合法的な」マイノリティ差別の極限を示していた。「日本人種は敵対人種である。アメリカ市民であろうとなかろうと関係はない」として、西海岸に居住する日系人を全て収容所に入れてしまったのである。一九四二年三月から四月にかけて収容所に送られた一〇万以上の日系人のうち、三分の二は二世などのアメリカ市民だった。彼らは住居や財産をほとんど失い、奥地の砂漠や山岳地帯にある有刺鉄線で囲まれ監視塔が見下ろす荒れ地のなかの粗末な小屋に移された。最高裁は四三年と四四年の二

図17　中国人と日本人を見分ける方法
陸軍のパンフレット「中国ポケットガイド」に掲載された．Ｃは中国人，Ｊは日本人．「肌の色は日本人の方が黄色がかって白く，目は中国人は欧米と同じようについているが細く，日本人は鼻にかけて斜めについている．中国人はひげが薄いが，日本人は毛深い．中国人は歯並びが良いが，日本人は出っ歯．中国人は笑顔が多いが，日本人は暗い」などと書かれている

回にわたって、収容の合憲判決を下している。このような扱いを受け合衆国への絶対的忠誠を拒否する者もいたがそれは少数であり、特に二世はアメリカ市民であることを実証することに努めた。そのなかで三六〇〇人が、日系人からなる四四二部隊に参加しヨーロッパ戦線で戦い忠誠を示した。この部隊は合衆国陸軍のなかで最も多くの勲章を受けたとされるが、二世たちは自分たちが市民であることを実証するために多くの命を犠牲にしたのである。日系人強制収容は、軍事的必要という理由にもとづいていたが、背景には日露戦争以来の日本に対する警戒、人種差別的な排日感情などがあった。

同じアジア人でも、中国人に対するアメリカ国民の感情は友好的になった。政府は中国人と日本人を識別する方法を示すパンフレットを配り、そのなかでは日本人は出っ歯で表情がむっつりしており、下駄を履くため足の親指と人差指の間が開いているといった外見を図解していた。戦時経済の下で、中国人にも新たな職業の機会が開かれた。サンフランシスコ地域の造船所では従業員の一五パーセントを中国系が占めていた。四三年、政府は中国人移民排斥法（一八八二年制定）を廃止し、さらに中国系移民に市民権取得の権利を与えた。

アメリカの勝利

一九四三年中頃には連合軍は枢軸国の進出を抑えきっていた。ヨーロッパと太平洋の両戦線で勝利に向けて攻勢を仕掛けている最中に、四四年の大統領選挙が行われた。ローズヴェルトの健康状態は悪かったが、民主党はローズヴェルトを大統領候補に推した。彼は選挙戦中、元気を取り戻したかのように厳しい日程を切り抜けた。国内だけでなく国際的にも押しも押されもせぬ指導者であるローズヴェルトは、共和党候補トマス・デューイを大差で破った。そして史上最初で最後の四選を果たした大統領となった。その後一九五一年の憲法修正二二条により大統領の任期に制限が加えられ、二期までとなっている。

四四年には、英米の空爆によりドイツの工業施設、交通機関その他は壊滅し、戦火のなかで何万もの民間人が犠牲になった。一方、ソ連はドイツの攻撃を受け二〇〇〇万もの死者を出しており、ドイツの攻撃の力を少しでも分散させるために、早期に第二の戦線を西ヨーロッパにつくることを米英に対して強く要求していた。しかし、第二戦線の実現はイギリスの反対で遅れ、連合軍大部隊が北フランスのノルマンディに上陸したのは、四四年六月だった。そして八月、連合軍がパリに進軍しフランスは四年間のドイツ占領から解放された。この間ソ連は東欧、バルカンから西に向かって攻めていた。そして、最終的にドイツ東部、チェコスロヴァキアを占領し、そこで英米と勢力を分かつかたちになった。

一九四五年四月一二日、ローズヴェルトが保養先のジョージア州ウォーム・スプリングズで脳出血を起こし急死してしまう。健康が気遣われていたとはいえ、あまりに突然の、それも国が戦争という危機的状態に置かれているときの指導者の死に、国民の衝撃は大きかった。最も難しい時期ともいえる一二年間、国を動かしてきたローズヴェルトに対する国民の信頼と敬愛の念は厚く、彼らはこれから四年、ローズヴェルトの政権が続くことを期待していたのである。ある兵士は、「大事件が起こったとき、国民に話しかける彼の声がなかったら、アメリカが知らない土地のように思えてしまう」と語っている。また、常に議会でローズヴェルトの政策に反対してきた共和党のロバート・タフト上院議員にとっても、ローズヴェルトの死は惜しまれ、ローズヴェルトを「我々の時代の最も偉大な人物」とし、「アメリカ国民に死ぬまで奉仕した」と述べた。ローズヴェルトの跡を継いで大統領に就任したのは、それまで人々からは忘れられかけていた副大統領ハリー・トルーマンだった。

ローズヴェルトは、目前の勝利を見届けることができなかった。四月三〇日、ソ連軍が首都ベルリン郊外まで攻めてきたとき、ヒットラーは掩蔽壕《えんぺいごう》で自殺する。五月八日、ドイツ軍無条件降伏の知らせが伝わると、アメリカ国民は有頂天になって勝利を祝った。この日はVEデー（ヨーロッパでの勝利の日）とされ、今でも毎年記念行事が行われている。

原爆投下

太平洋でも日本軍が敗退し、四四年の夏にはアメリカ軍は太平洋の島々を占領し、一〇月にはマッカーサーがフィリピンに上陸した。アメリカ軍は徐々に本土に近づいていき、四五年二月には硫黄島を奪ったが、この戦いではアメリカ軍は二万八〇〇〇人の死傷者を出している。アメリカの海兵隊員が苦しい戦いに勝利して星条旗を立てる有名な写真があるが、この舞台は硫黄島であった。三月には東京を爆撃し、日本側は八万もの民間人の死者を出した。沖縄も住民の死者一〇万を超す激しい戦闘の後、六月、占領下に置いた。このようにアメリカ軍の本土上陸が目前に迫ってきても、日本は降伏せず、七月に米英ソが出した降伏勧告の最後通牒ポツダム宣言にも応じなかった。結局、日本の降伏は、八月六日の広島と九日の長崎における原子爆弾投下後の一五日だった。

原爆は一九四〇年からローズヴェルトが、アインシュタインらドイツから亡命した科学者の勧めによって研究開発させたものだった。研究は「マンハッタン計画」の名の下に秘密裏に行われ、このために二〇億ドルと最高の科学者の頭脳が注ぎ込まれた。政府が科学者、技術者など第一線の専門家を動員し軍事研究開発を行ったのである。「現代アメリカ」の科学研究機関と政府、企業の協力体制は、ここでは消費者向けの新しい電化製品ではなく、戦争のための最新兵器をつくり出したのだった。

この新兵器はとてつもない破壊力を持ち、広島、長崎では合わせて一一万五〇〇〇の死者を出し、さらに大きな原爆後遺症の問題を残したが、当初トルーマンも含め一般のアメリカ人はその重大さに気づいていなかったようである。しかし、科学者のなかには原爆の恐ろしさを知り、実際の使用に反対する者もいた。投下後、トルーマンは日本に早く降伏させ、戦争が長引いて本土上陸した場合に予想される多くのアメリカ人兵士の犠牲を避けるために必要だったと国民に説明している。しかし、被害の大きさを知った後、原爆投下の必要性を疑問視する人々も多くいた。ヨーロッパ戦線の英雄アイゼンハワー元帥も、「あの恐ろしいものを彼らにぶつける必要はなかった」と述べ、また、統合参謀本部議長のウィリアム・リーヒーも、「広島と長崎に対する野蛮な兵器の使用は、対日戦において実質的には何の助けにもならなかった。日本人はすでに敗れており、降伏しようとしているところだった」と語っている。

それではなぜアメリカは原爆を落としたのだろうか。これまで歴史家や政治学者はこの問題について盛んに議論してきた。そこで挙げられている理由はだいたい四つ見られる。第一は、トルーマン自身が説明したように、戦争を早期に終わらせ、犠牲者を少なくするため。第二は、ソ連に対して有利な立場を確保するため。東欧を支配下に置きつつあるソ連の極東進出の意図をくじくというものである。トルーマンは原爆実験直前に、「もし爆発がうまくいったら、彼らを脅す材料になる」ともらしているが、彼らとは日本でなくソ連を意味していた。第三は、日本人が白人でなかったから原爆も使いやすかったのだという、アメリカ人

図18　戦勝に沸くニューヨークのタイムズ・スクウェア

の人種差別感情を重視する議論である。第四は、数年前に歴史家ロナルド・タカキが提起した新しい説で、トルーマンの人格を重視するものである。トルーマンは身体が小さく「シシー」（女々しい男の子）といわれ劣等感を持っていたが、原爆を使って「男になろう」としたのだというのである。実際にはこれらのいずれかの理由というより、これらが重なって、また、原爆の破壊力に対する無知もあって投下の決定となったのであろう。

原爆投下をめぐる議論はこれからも続いていくであろうが、いずれにせよ、第二次大戦は原爆投下とともに終わった。敗戦国も戦勝国も焦土と化し、国民は日々の食べ物にも事欠くほどすっかり疲弊した戦後の世界に、アメリカだけが無傷で残った。それどころか、戦時下に経済力をつけ、また、原爆という恐るべき破壊力を持つ武器を所有するアメリカは、世界における絶対的な強国だった。これからの世界は、アメリカの圧倒的な軍事力経済力の下に、自由と民主主義の理念とアメリカ的生活様式、つまりアメリカ文明が支配するところとなるのだろうか。ヘンリー・ルースがアメリカ参戦の少し前に訴えたような「アメリカの世紀」が実現するのだろうか。

1996 **4月** 日米，普天間基地返還について合意．**8月** 福祉改革法成立．**9月** イラクに空爆．**11月** クリントン，大統領に再選．ニューヨーク株式市場，8日間連続で史上最高値を更新．

1997 **3月** カルト集団「ヘヴンズ・ゲイト」39人が集団自殺．**8月** カリフォルニア州，96年11月の州民投票の結果を受け，アファーマティヴ・アクションを撤廃する州法を施行．**10月** ワシントンで米中首脳会談開かれる．

1998 **2月** クリントン，予算教書において1999会計年度に財政黒字を計上．**4月** 米州サミット，米州自由貿易地域実現に向けて貿易交渉委員会を発足させる．**8月** ケニアとタンザニアの米大使館爆破，257人死亡．スーダンとアフガニスタンにミサイル攻撃．**12月** 米英，イラクにミサイル攻撃．下院，モニカ・ルウィンスキー事件に関してクリントン弾劾を可決．

＊米国経済は92年以来の長期景気拡大のなかで，この年，さらに4%の高成長を示す．

1999 **2月** モニカ・ルウィンスキー事件に関わるクリントンの弾劾裁判で，クリントン無罪決定．**3月** NATO軍，コソヴォ空爆（～6月）．**4月** コロラド州で高校生による銃乱射事件発生，15人が死亡．**11月** 米中貿易協定調印．

2000 -

2000 **11月** 大統領選で共和党ブッシュと民主党ゴアの勝敗決まらず．**12月** フロリダの得票に関する最高裁の決定により，選挙人数で多数を獲得したブッシュの当選が決まる（ゴアは一般投票数で50万票多く獲得）．

2001 **9月** 11日，ニューヨークの世界貿易センタービルなどが，イスラム過激派により爆破される．**10月** ブッシュ，テロ撲滅戦争に乗り出しアフガニスタンに出兵．

＊エクソン社のタンカー「ヴァルデス号」，アラスカのプリンスウィリアム湾で座礁，湾内の生物に大被害．最高裁，新判決で女性の妊娠中絶権を狭める．パウエル将軍，黒人初の統合参謀本部議長となる．サンフランシスコ大地震．

1990

1990　**7月** ブッシュ，心身障害者に対する差別を禁止する法案に署名．**8月** ブッシュ，イラクのクウェート占領に対しサウジアラビア防衛のため米軍を派遣．**11月** ブッシュ，若干の増税を含む財政赤字削減法案に署名．

＊秋以降，景気後退．

1991　**1月** 米軍を主力とする多国籍軍，イラクに攻撃開始（湾岸戦争，～2月）．**12月** パンアメリカン航空，経営難で廃業．航空業界不振で統廃合目立つ．ブッシュ，真珠湾50周年記念式典に出席．ブッシュ，多数の実業家をともない太平洋東アジア地域を訪問（～92年1月）．

＊性的嫌がらせ問題をめぐりクラレンス・トマス判事とアニタ・ヒル教授，上院公聴会で対決．アーサー・シュレジンガー『アメリカの分裂』出版．

1992　**4月** ロドニー・キング殴打事件の無罪判決からロサンジェルスで暴動発生．**5月** 憲法修正27条（議員の報酬に関して）発効．**7月** 失業率8年間で最高となる．**11月** 民主党のクリントン，大統領当選．フィリピンの米軍基地閉鎖．**12月** ブッシュ，人道的介入として米軍をソマリアへ派遣．

＊連邦議会選挙で黒人，ラティーノおよび女性候補の当選目立つ．

1993　**2月** 世界貿易センタービルで爆破テロ事件起こる．**4月** FBI，ウェイコウの武装宗教集団デイヴィディアンの本拠に対して実力行使．**10月** クリントン，ソマリア派遣米軍兵士死傷事件ののち，米軍を94年3月末までに撤退させると発表．**11月** ブレーディ銃保持規制法成立．

1994　**1月** 北米自由貿易協定（NAFTA）発効．ロサンジェルス大地震．**5月** クリントン，人権問題と切り離して中国への最恵国待遇更新を決定．**11月** 共和党，連邦議会中間選挙で上下両院とも多数を占める．

1995　**1月** スミソニアン博物館，原爆展の大幅縮小を発表．**3月** 商務省，貿易赤字が史上最大の171億9000万ドルに達したと発表．**4月** オクラホマシティの連邦政府ビル爆破テロ事件発生，死者168人．**6月** 日米自動車交渉，期限ぎりぎりで決着し，貿易戦争回避．**7月** クリントン，ベトナムとの国交正常化を声明．**8月** 国勢調査局，外国生まれ人口は総人口の11人に1人の割合で，70年の2倍と発表．**10月** O・J・シンプソン元夫人殺害事件でシンプソン被告に無罪判決．**12月** 予算不成立により連邦政府機能停止（～96年1月）．

＊夏以降，景気後退.

1982 **4月** レーガン政権のニカラグアのサンディニスタ政権弱体化を狙う政策活発化する. **6月** 反核国際デモ，ニューヨークで行われる. レーガン，対ソ経済制裁強化を表明. 米ソ戦略兵器削減交渉（START）開始（83年末より中断）. 平等権憲法修正（ERA）不成立. **12月** 議会，ニカラグア反政府勢力（コントラ）への援助を禁止.

＊最初の人工心臓利用手術，ユタ州で行われる.

1983 **1月** 米ソ，中距離核戦力（INF）制限交渉再開. **4月** レーガン，戦略防衛構想（SDI）発表. **10月** 米軍，グレナダに侵攻.

＊スペースシャトルに最初の女性飛行士搭乗. キング牧師の誕生日，国の祝日に定められる. 景気回復に向かうが，財政赤字，貿易収支赤字ともに増大.

1984 **11月** レーガン，大統領再選. 米ソ，包括的軍縮方式で合意. **12月** 米国，ユネスコから脱退.

＊民主党の大統領候補モンデール，副大統領候補にジェラルディン・フェラーロ下院議員を指名（女性初の副大統領候補）. 貿易赤字初めて1000億ドルを超える.

1985 **3月** 日米貿易不均衡増大で，議会に日本批判高まる. **9月** レーガン政権のドル高政策からの転換でG5「プラザ合意」成立. **11月** レーガン，ゴルバチョフと米ソ首脳会談. **12月** 均衡予算法（グラム＝ラドマン法）成立.

1986 **4月** 米空軍，リビア政府の国際テロ支援に対する報復として，トリポリなどを爆撃. **10月** 南アフリカに対する経済制裁を強化する反アパルトヘイト法案，大統領の拒否を乗り越えて成立. 改正税制法（所得税減税，税制の単純化）成立. **11月** イラン＝コントラ疑惑浮上.

＊政府の保健問題担当者，エイズ患者が以後5年間で10倍に増加すると予想.

1987 **1月** 株式市場活況，株価高騰. **4月** 上下両院でイラン＝コントラ事件の調査（～8月）. **10月** 株価大幅下落. **12月** 米ソINF全廃条約，ワシントンで調印.

1988 **7月** 米艦，ミサイルでイラン旅客機を誤射. **8月** 日系人強制収容補償法成立. スーパー301条を含む包括的通商法成立. **11月** 共和党のブッシュ，大統領当選.

＊新移民規制政策により140万の不法入国者が特赦を申請.

1989 **1月** 労働省，失業率14年来最低と発表. **5月** ノース中佐，イラン＝コントラ事件で有罪判決. **6月** 中国天安門事件で米中関係悪化. **9月** ソニー，コロンビア映画を買収. **12月** 米ソ首脳，マルタで会談し冷戦終結を表明. 米軍，パナマ軍事独裁者ノリエガ将軍逮捕を狙いパナマに侵攻.

クソン辞任，副大統領フォード，大統領就任．**11月** フォード，米大統領として初の訪日．**12月** ボストンで人種統合のためのバスィングをめぐり暴動．
＊石油ショックの影響で経済不況．

1975 **4月** サイゴン陥落．**7月** フォード訪欧，ブレジネフと会談．**12月** エネルギーおよび環境法成立．
＊この年から77年にかけ，ロックフェラー委員会および議会の調査委員会，CIAの秘密活動を調査．ベトナム人亡命者14万人を受け入れ．65年の移民法とインドシナ難民受け入れの影響で，70，80年代にアジア系移民増大．

1976 **9月** 毛沢東死去．**11月** 民主党のカーター，大統領当選．
＊独立200周年記念行事．上院の調査でロッキード社の贈賄事件発覚．火星探査機ヴァイキングⅠ・Ⅱ，火星に着陸．

1977 **1月** カーター，ベトナム戦争徴兵忌避者を特赦．**2月** カーター，サハロフ博士に関してソ連の人権侵害を批判，人権外交を打ち出す．**8月** エネルギー省創設．**9月** パナマ運河条約および関連条約（運河地帯返還）調印（78年4月批准）．**10月** 政府，航空業界の自由化など「規制緩和」を発表．

1978 **3月** 核技術，ウラン輸出を規制する核不拡散法制定．亡命者法成立により，政治亡命者の受け入れ枠拡大．**6月** カリフォルニア州，第13提案（不動産税50％減税）を州民投票により可決．**9月** カーター，イスラエルとエジプトのキャンプ・デイヴィッド合意を斡旋．
＊「人民の寺院」集団自殺．

1979 **1月** 中華人民共和国と正式国交樹立．**3月** スリーマイル島原子力発電所で重大事故発生．**6月** 米ソ第2次戦略兵器制限条約（SALTⅡ）調印（批准は不成立）．**7月** カーター，第2次石油ショックに対処してエネルギー計画発表．**11月** イラン過激派，米大使館を占拠し館員を人質にする（～81年1月）．
＊ジェリー・フォールウェル牧師，モラル・マジョリティ結成．イラン革命にともなう石油価格急騰で景気再び悪化．

1980 -

1980 **1月** ソ連のアフガニスタン侵攻に対し，対ソ連禁輸政策実施を発表．モスクワ・オリンピックのボイコット呼びかけ．ホンダ自動車，米国に生産工場建設を発表．カーター，年頭教書でペルシア湾地域に対する「カーター・ドクトリン」を発表．**11月** 共和党のレーガン，大統領当選．

1981 **1月** レーガン，就任演説で「小さな政府」声明．テヘランの米大使館の人質全員解放．**4月** スペースシャトル飛行成功で宇宙計画前進．**5月** 日米間で自動車対米輸出自主規制問題に決着．**8月** 経済再建税法（大幅減税）成立．**9月** サンドラ・オコナー，女性初の最高裁判事に就任．**10月** レーガン，軍備拡張路線を明確化．

ミ村ミライ地区の虐殺事件を報道．インディアン，アルカトラズ島を占拠（～71年6月）．
＊全国の大学で大学改革を要求する学生運動起こる．

1970 -

1970 **1月** 全国環境政策法制定．**3月** 米国人の中国への旅行制限を緩和．**4月** 米軍，カンボジアに侵攻．最初の「アースデイ」．**5月** 各地でカンボジア介入反対デモ起こる．オハイオのケント州立大学の学生4人が反戦デモ中，州兵に射殺される．ワシントン反戦大集会に6万～10万人が参加．**6月** 上院，トンキン湾決議を廃棄．ニクソン，カンボジア作戦終了と発表．**8月** 各地で女性解放のデモ行進．**11月** 米ソとも核拡散防止条約を批准．**12月** 大気清浄法（マスキー法）成立．環境保護庁開設．
＊ニクソン，インディアン政策の見直し，部族の自主権尊重を表明．ニクソン政権，アファーマティヴ・アクションのガイドラインを提示し，黒人等少数民族や女性への機会拡大を指導．

1971 **2月** ロサンジェルス大地震．ベトナム戦争，ラオスにも拡大．**4月** 中国，米卓球チームを招待（ピンポン外交）．**6月** 憲法修正26条（投票権年齢を18歳に引き下げ）成立．『ニューヨーク・タイムズ』，国防省秘密文書を掲載．**7月** ニクソン，キッシンジャー補佐官を中国に派遣．**11月** 沖縄返還協定，上院で批准．**12月** スミソニアン会議で日本・西欧諸国，自国通貨のドルに対するレートの引き上げに同意．
＊貿易収支，19世紀末以来初めて赤字となる．

1972 **2月** ニクソン訪中，米中共同コミュニケ発表．**3月** 議会，性差別を禁止する平等権憲法修正（ERA）を通過させる．**5月** ニクソン訪ソ，第1次戦略兵器制限条約（SALT I）調印．**6月** ウォーターゲート事件発覚．**10月** 連邦水質汚濁防止法成立．**11月** ニクソン，大統領再選．
＊フェミニズム雑誌『ミズ』創刊．

1973 **1月** 米・ベトナム，和平協定調印．徴兵制廃止発表．**2月** インディアン，ウーンデッド・ニー占領．**3月** 米軍，南ベトナムより撤退完了．**5月** 上院，ウォーターゲート特別調査委員会開催（～8月）．**8月** 米国，カンボジア爆撃を中止．**10月** 第4次中東戦争起こり，第1次石油ショック発生．アグニュー副大統領，収賄容疑により辞任．**11月** 大統領の戦争権を制限する法，大統領の拒否を乗り越えて成立．
＊最高裁，ロウ対ウェイド事件の判決で妊娠中絶を選択する女性の権利を承認．中絶反対派，この判決に反発．

1974 **2月** パナマ運河返還宣言に調印．**4月** キッシンジャー国務長官，中東で活発な緊張緩和外交（～5月）．**6月** ニクソン，中東およびソ連を訪問．**7月** 下院司法委員会，ニクソン弾劾を勧告．**8月** ニ法）．**8月** トンキン湾事件．北ベトナム基地を爆撃．上院，軍事権限を大統領に一任する決議を採択（トンキン湾決議）．経済機会法成立．**11月** ジョンソン，大統領当選．
＊キング牧師，ノーベル平和賞受賞．

1965 **1月** ジョンソン，年頭教書において「偉大な社会」政策を発表．**2月** 米空軍，北ベトナム基地を爆撃し北爆本格化．マルコムX暗殺される．**3月** キング牧師，セルマ行進を組織．**5月** ジョンソン，共産化阻止のためドミニカに軍隊派遣．**7月** 老人医療保障法（メディケア）成立．**8月**「1965年の投票権法」成立．ロサンジェルスのワッツで黒人暴動起こる．**10月** 移民法成立，西欧優先の移民割当制度廃止．
＊ラルフ・ネイダー『どんな速度でも危険』出版．

1966 **1月** ウィーヴァー，住宅都市開発長官に任命される（黒人初の閣僚）．**6月** 学生非暴動調整委員会（SNCC）の指導者ストークリー・カーマイケル，「ブラック・パワー」を提唱．**10月** 大気汚染規制法成立．全米女性機構（NOW）発足．
＊ブラック・パンサー党，カリフォルニアで設立．この夏，各都市で人種暴動．

1967 **1月** 宇宙平和利用条約調印．**2月** 憲法修正25条（大統領職務継承手続きを規定）発効．**5月** ケネディ・ラウンド，53か国が関税一括引き下げに同意．**6月** マーシャル，黒人初の最高裁判事に任命される．**7月** 各都市で人種暴動（～8月）．**10月** ベトナム反戦週間．ワシントンなど各地で反戦集会が開かれ，反戦運動盛り上がる．
＊米国初の心臓移植手術行われる．この夏，各都市で人種暴動．

1968 **1月** 南ベトナム民族解放戦線のテト攻勢．**3月** ジョンソン，北ベトナム爆撃の縮小と大統領不出馬を声明し，北ベトナムに休戦交渉を呼びかける．**4月** キング牧師暗殺される．**5月** ベトナム和平会談開始．黒人による「貧者の行進」（～6月）．**6月** カリフォルニア州予備選挙で運動中のロバート・ケネディ，暗殺される．**8月** シカゴの民主党全国大会開催中，会場付近でデモ隊と警官隊が衝突．**10月** ジョンソン，北爆全面停止を声明．**11月** 共和党のニクソン，大統領当選．
＊各地に黒人暴動起こる．続発する都市暴動に関する報告書「カーナー・レポート」発表．アメリカ・インディアン運動（AIM）設立．公共放送法により「セサミ・ストリート」など制作開始．

1969 **3月** 上院，核拡散防止条約批准．**6月** ニクソン，南ベトナムからの段階的撤兵方針を発表．**7月** ニクソン，グアムでアジア政策に関するグアム・ドクトリン（ニクソン・ドクトリン）を表明．アポロ11号月面着陸．**8月** ウッドストックでロック音楽祭開催．**10月** ベトナム反戦デモ，全国で起こる．**11月** ワシントンの反戦集会に25万人が参加．『ニューヨーク・タイムズ』紙，南ベトナムのソン

1959 **1月** アラスカ州，連邦に加入．キューバのカストロ政府を承認．**7月** ニクソン副大統領，訪ソしフルシチョフと台所論争（～8月）．**8月** ハワイ州，連邦に加入．**9月** フルシチョフ，訪米．米ソ，キャンプ・デイヴィッド会談．

1960

1960 **2月** 黒人の座り込み運動始まる．**5月** U2型偵察機，ソ連上空を偵察中に撃墜され，米ソ・パリ頂上会談流会．**6月** アイゼンハワー，日本での安保反対運動激化のため訪日中止．**7月** キューバ，米国人資産国有化宣言．**9月** 大統領候補者ケネディとニクソンのテレビ討論開催．**11月** 民主党のケネディ，大統領当選．
＊避妊ピル，製造販売始まる．

1961 **1月** キューバと国交断絶．アイゼンハワー，告別演説で軍産複合体について警告．**3月** ケネディ，「進歩のための同盟」提案．**4月** 憲法修正23条（連邦首都に大統領選挙人選出権を認める）発効．CIAが支援したキューバ人亡命者軍のピッグズ湾上陸作戦失敗．**5月**「フリーダム・ライダーズ」南部で活動し暴動勃発，戒厳令施行．米国初の有人ロケット打ち上げ成功．ケネディ，10年以内の有人月探査船打ち上げを声明．**8月** ベルリンの壁封鎖（ベルリン危機）．**9月** 平和部隊法成立．**12月** 南ベトナムへ軍事援助増強．
＊全国アメリカ・インディアン会議開催．

1962 **2月** ケネディ，対キューバ全面禁輸命令．**9月** 連邦裁判所命令による黒人学生メレディスのミシシッピー大学入学に関して連邦軍出動．**10月** 通商拡大法成立，関税一括引き下げ交渉（ケネディ・ラウンド）開始．ソ連ミサイルのキューバへの搬入をめぐる危機で米ソ関係緊迫（キューバ危機）．
＊ボブ・ディラン，プロテスト・バラードを書き始める．ジョン・グレン中佐，有人人工衛星フレンドシップ7号で地球一周．レイチェル・カーソン『沈黙の春』，マイケル・ハリントン『別のアメリカ』出版．マリリン・モンロー，謎の死を遂げる．

1963 **5月** アラバマ州バーミングハムでキング牧師指導下に行われた人種差別反対闘争に対する人種暴動起こり，連邦軍出動．**6月** ケネディ，演説で対ソ平和共存政策を強調．米ソ，ホット・ライン設置．**8月** 米英ソ，部分的核実験停止条約調印．人種差別撤廃を求めるワシントン行進に20万人参加．**11月** 米国，南ベトナム軍部のクーデターを容認．ケネディ暗殺され，副大統領ジョンソン，大統領就任．
＊最高裁，公立学校における聖書朗読に違憲判決．ヒッピー運動盛んになる．ベティ・フリーダン『女らしさの神話』出版．

1964 **1月** ジョンソン，年頭教書で「貧困に対する戦争」を宣言．憲法修正24条（投票権妨害のための人頭税などを禁止）発効．**2月** 減税法案成立．**7月** 包括的な画期的公民権法成立（1964年の公民権

＊黒人外交官ラルフ・バンチ博士，ノーベル平和賞受賞．リースマン『孤独な群衆』出版．

1951　**2月** 憲法修正22条（大統領の3選禁止）発効．**4月** 原子力スパイ容疑のローゼンバーグ夫妻に死刑判決．マッカーサー，朝鮮派遣軍司令官および在日連合国軍最高司令官を解任される．**7月** 第1回朝鮮戦争休戦会談開催．**9月** サンフランシスコで対日講和条約および日米安全保障条約調印．

＊プログラム内蔵の巨大コンピューターの1号機，統計局に設置．原子力発電成功．

1952　**6月** インドシナへの軍事援助を発表．マッカラン＝ウォルター移民法成立（危険分子の追放，アジア人の帰化承認）．**7月** プエルトリコ，米国自治領となる．**11月** 共和党のアイゼンハワー，大統領当選．トルーマン，水爆実験成功を発表

1953　**1月** ダレス国務長官，「巻き返し」政策発表．**7月** 朝鮮休戦協定調印．

1954　**1月** ダレス国務長官，ニュールック（大量報復戦略）政策を発表．**3月** 原子力委員会，原子力発電所建設計画を発表．**5月** 最高裁，公立学校における人種隔離教育に違憲判決（ブラウン判決）．**7月** ジュネーヴでインドシナ休戦協定調印，米国は不参加．**8月** 共産党統制法（共産党の非合法化）成立．**9月** 東南アジア集団防衛条約機構（SEATO）成立．**12月** 上院，マッカーシー議員非難決議を採択．

＊プレスリー，デビュー．

1955　**5月** 最高裁，公立学校における人種差別撤廃を「慎重な」速度で実施するよう命令．**12月** AFLとCIO合併．キング牧師指導の下にアラバマ州モントゴメリーでバス・ボイコット（～56年12月）．

1956　**2月** アラバマ大学に最初の黒人学生入学．**3月** 議会で南部議員人種統合政策批判高まる，「南部宣言」．**6月** インターステートハイウェー・システム建設を促進するハイウェー法成立．**11月** アイゼンハワー，大統領再選．

＊ハイウェー法成立で鉄道の斜陽化に拍車．「ビート世代」の文学文化活動盛んになる．アレン・ギンズバーグの詩集『吠える』出版．

1957　**1月** アイゼンハワー，中東に関する「アイゼンハワー・ドクトリン」発表．**9月** 20世紀初の公民権法成立，選挙権行使の妨害への対策を規定．アーカンソー州リトルロックの高校での黒人生徒の登校をめぐる暴動に，連邦軍を派遣し黒人生徒を保護．**11月** 10月のソ連のスプートニク打ち上げ成功で，米ソ「ミサイルギャップ」論が盛んとなり，上院で聴聞会開催．

＊バーンスタイン「ウェストサイド物語」上演．

1958　**1月** 人工衛星エクスプローラー打ち上げ成功．**7月** 海兵隊，レバノンに進駐．航空宇宙局（NASA）設置法成立．

定合意．汎米会議，チャプルテペック協定採択．**4月** 米軍，沖縄本島に上陸作戦．ローズヴェルト急死，副大統領トルーマン，大統領就任．国際連合設立のためのサンフランシスコ会議開催，50か国代表が出席（6月，国際連合憲章に調印）．**5月** ドイツ無条件降伏．**7月** ニューメキシコで初の原爆実験成功．米英ソ首脳，ポツダム会議．**8月** 広島・長崎に原爆投下．15日，日本降伏．マッカーサー連合軍最高司令官，厚木に到着．**9月** 日本，ミズーリ号上で降伏文書に調印．**12月** 中国国民政府と中国共産党との交渉斡旋のため，マーシャル特使を中国に派遣．

1946 **3月** チャーチル，「鉄のカーテン」演説．**7月** フィリピン独立．**8月** マクマホン法成立（原子力委員会設置）．**9月** 米ソ協調を主張するヘンリー・ウォーレス，商務長官辞任．**11月** 共和党，連邦議会中間選挙で上下両院とも多数を占める．**12月** トルーマン，公民権（市民権）に関する大統領諮問委員会を設置．

＊ビリー・グレアム，大衆に向けての福音宣教活動開始．ベンジャミン・スポック『スポック博士の育児書』出版．消費物資不足のためインフレ傾向．

1947 **3月**「トルーマン・ドクトリン」演説．トルーマン，連邦政府職員の忠誠審査を指示．**6月** タフト＝ハートレー労働法成立．**7月** 国家安全保障法成立．ジョージ・ケナン，「対ソ封じ込め」論を発表．**9月** 米州相互援助条約（リオ条約）調印．

＊ジャッキー・ロビンソン，ブルックリン・ドジャーズ球団に登場（黒人初の大リーガー）．

1948 **2月** トルーマン，議会へ市民権（公民権）教書を送る．**4月** 対外援助法（マーシャル・プラン）成立．**5月** 米国とラテンアメリカ諸国，ボゴタ憲章により米州機構（OAS）設立．**6月** 新選抜徴兵法成立．ベルリン封鎖に対し，空輸開始（～49年5月）．**7月** 民主党全国大会，黒人市民権擁護の綱領を採択．一部の南部民主党員，州権党を名乗り独自の大統領候補を擁立．トルーマン，連邦政府職員雇用における人種差別禁止命令．軍隊における人種統合の推進を指示．**11月** トルーマン，大統領当選．

1949 **1月** トルーマン，年頭教書でフェアディール政策を発表．就任演説でポイント・フォア計画を声明．**4月** 米国，カナダと欧州10か国，北大西洋条約調印，NATO成立．

1950 -

1950 **1月** トルーマン，台湾への軍事不介入を表明．アチソン国務長官，「太平洋防衛戦」を示す．スパイ容疑のアルジャー・ヒスに偽証罪の判決．トルーマン，水爆製造を指示．**2月** マッカーシー上院議員，国内共産主義者の脅威を強調，マッカーシー旋風始まる．**6月** 朝鮮戦争勃発．トルーマン，海空軍に韓国軍援助を命令．**9月** マッカラン国内安全保障法成立．**12月** 国家非常事態宣言．

＊ナイロン製品登場.

1939 **1月** ローズヴェルト，年頭教書で国際危機を強調. **11月** 中立法改正により交戦国への武器禁輸条項を修正.
＊NBCテレビ局，一般商業放映開始. スタインベック『怒りの葡萄』出版.

1940 --

1940 **1月** 日米通商条約失効. **6月** 外国人登録法（スミス法）. **7月** ハヴァナ宣言で西半球防衛について西半球諸国との連帯強化. **9月** 旧式駆逐艦50隻の譲渡につきイギリスと協定. 選抜徴兵法成立. **11月** ローズヴェルト，大統領3選. **12月** ローズヴェルト，「民主主義の大兵器廠」となる必要性を強調.

1941 **1月** ローズヴェルト，年頭教書で「四つの自由」を提唱. **3月** 武器貸与法成立. **5月** 国家非常事態宣言. **6月** 大統領令で在米ドイツ・イタリア系資産を凍結. **7月** アイスランド進駐. 在米日本資産を凍結. **8月** 対日石油輸出の全面禁止. 米ソ協定調印. ローズヴェルトとチャーチル，大西洋憲章発表. **9月** 米海軍，西大西洋でのイギリス船団護衛開始. **10月** 米駆逐艦，独潜水艦の攻撃で沈没. **11月** 武器貸与法による対ソ10億ドル供与決定. 議会，米商船の武装と交戦国への武器輸送を承認. **12月** 7日，日本軍，真珠湾を攻撃. 8日，議会，対日宣戦を決議. 11日，独伊，対米宣戦布告.
＊フィリップ・ランドルフ，軍需産業の雇用での人種差別に反対して圧力活動を展開，ローズヴェルト，公正雇用実行委員会設置を約束.

1942 **1月** 国家戦時労働局発足. 戦時生産局設立. 緊急物価統制法成立. **2月** ローズヴェルト，日系人強制移住を命令. **6月** 米軍，ミッドウェイ海戦で日本軍に圧勝. **8月** 原爆製造のための「マンハッタン計画」発足. **10月** 米英連合軍，北アフリカ上陸作戦開始. **11月** 米軍，ガダルカナル沖海戦で圧勝，太平洋戦線での反撃開始.
＊人種平等会議（CORE）設立.

1943 **1月** 米英首脳，カサブランカ会談，主要枢軸国の無条件降伏まで戦争継続を声明. **5月** 炭鉱労働組合指導者ジョン・ルイス，政府の介入直前にスト中止. **6月** デトロイトで人種暴動，死傷者多数. **9月** 米英軍，イタリア本土に上陸. **11月** 米英中首脳，カイロ会談. 米英ソ首脳，テヘラン会談. **12月** 中国人移民排斥法廃止.

1944 **5月** 共産党解散（45年再結成）. **6月** 連合軍，ノルマンディ上陸. 従軍兵士に教育上の便益などの供与を約束する「GI権利章典」制定. **7月** ブレトンウッズ会議開催，国際通貨基金（IMF）設置と国際復興開発銀行設立について合意. **8月** 国連憲章起草のため米英中ソがダンバートン・オークス会議開催（～10月). **11月** ローズヴェルト，大統領4選.

1945 **2月** 米英ソ首脳，ヤルタ会談. ソ連対日戦参戦に関するヤルタ協

1933 **2月** 憲法修正20条成立（大統領就任日と議会開会日の改正）．**3月** ローズヴェルト大統領就任．4日間の全国的銀行休日を宣言．100日議会開会．緊急銀行救済法即日成立．炉辺談話放送始まる．民間資源保存団（CCC）設立．**4月** 大統領行政命令で金本位制廃止．**5月** 連邦緊急救済法成立，農業調整法（AAA）成立．テネシー川流域公社（TVA）法成立．**6月** 個人の銀行預金を保障するグラス＝スティーガル銀行法成立，全国産業復興法（NIRA）成立，公共事業局（PWA）設置，農業信用貸付法成立．**11月** 民間事業局（CWA）設立．ソ連を承認．**12月** 憲法修正21条発効により憲法修正18条（禁酒法）廃止．米国，第7回汎米会議で内政相互不干渉権原則に同意．

＊フランシス・パーキンズ，労働長官に就任（初の女性閣僚）．フランシス・タウンゼンド，老齢者への年金を要求する運動を開始．『ニューズウィーク』誌創刊．

1934 **1月** 農場抵当再融資法成立．**3月** タイディングズ＝マクダフィー法（10年後のフィリピン独立を規定）成立．**5月** プラット修正条項撤回（キューバ干渉権放棄）．**6月** 証券取引委員会法成立．互恵通商法成立．インディアン再組織法制定．

1935 **1月** ローズヴェルト，年頭教書で社会改革を強調（第2次ニューディール）．**5月** 事業促進局（WPA）設立．最高裁，NIRAに違憲判決．**7月** 全国労働関係法（ワグナー法）成立．**8月** 社会保障法成立．第1次中立法成立．**11月** 産業別労働組合会議（CIO），AFL内に結成．

＊ヒューイ・ロングの「富を分かち合おう」運動，チャールズ・コグリン神父の社会批判ラジオ放送などがニューディール不満階層の支持を集める．ディズニー，テクニカラー映画制作開始．

1936 **1月** AAAに違憲判決．**2月** 第2次中立法成立，交戦国への借款供与を禁止．**6月** 上院ナイ委員会，軍需産業調査報告書提出．**11月** ローズヴェルト，大統領再選．

＊高額所得に対する課税強化．写真報道誌『ライフ』創刊．ミッチェル『風と共に去りぬ』出版．

1937 **1月** 議会，スペイン内戦への武器禁輸決議．景気後退．**2月** ローズヴェルト，最高裁判所改組を提案．**5月** 第3次中立法成立．**7月** バンクヘッド＝ジョーンズ農場小作法成立．**8月** 司法手続改革法成立で最高裁改組なし．**10月** 景気再び後退，経済状態悪化．ローズヴェルト，「隔離」演説．

＊ヘミングウェイら知識人，スペイン内戦で共和政府側に協力．

1938 **2月** 新農業調整法成立．**5月** 海軍拡張法（ヴィンソン法）成立．下院，非米活動委員会設置．**6月** 公正労働基準法成立．**11月** 議会選挙で共和党議席増，民主党保守派議員も再選．CIO，AFLから産業別労働組合会議（CIO）として独立．

1923　**8月** ハーディング急死，副大統領クーリッジ，大統領就任．**10月** 議会でハーディング大統領時代の閣僚の汚職調査開始（ティーポット・ドーム事件）．

1924　**4月** ドイツの賠償支払い方法に関し，ドーズ案を発表．**5月** 移民割当法成立．国別に移民を制限し，「帰化不能外国人」の移民禁止条項により日本人移民を禁止．**7月** ラフォレット，革新党の独立候補として大統領選挙に出馬．**11月** クーリッジ，大統領当選．

1925　**6月** 進化論教育に関する裁判（モンキー裁判）で教師スコープスに有罪判決．

1926　**5月** ニカラグアに海兵隊派遣（～33年）．
＊大西洋横断無線電話開通．ラジオのネットワーク化進み，NBC設立（CBSは27年）．

1927　**5月** リンドバーグ，大西洋無着陸横断飛行に成功．
＊ベーブ・ルース，シーズン60ホーマーを打ち，プロ野球人気盛ん．最初のトーキー映画「ジャズ・シンガー」制作．

1928　**5月** クーリッジ，農産物価格安定のためのマクナリー＝ホーゲン法案を拒否．**8月** パリ不戦条約（ケロッグ＝ブリアン条約）調印．**11月** 共和党のフーヴァー，大統領当選．
＊ウォルト・ディズニーのアニメーション映画にミッキー・マウスなどのキャラクターが登場．

1929　**10月** 24日，「暗黒の木曜日」．大恐慌始まる．
＊家庭電化製品が普及し，家事労働能率化．ラジオの普及目立つ．倒産銀行数659．

1930 -

1930　**1月** ロンドン海軍軍縮会議開催．**6月** ホーリー＝スムート関税法制定，税率引き上げ．**9月** フーヴァー・ダム着工．**12月** 議会，公共事業費として1億ドル支出決定．
＊1920年代の自動車普及により，登録乗用車数，2650万台となる．倒産銀行数1352．

1931　**2月** 退役軍人ボーナス法案，大統領の拒否を乗り越えて成立．**3月** スコッツボロ事件．**6月** フーヴァー・モラトリアム提案．**9月** 銀行恐慌広がる．
＊エライジャ・ムハマッド，ネーション・オヴ・イスラムをシカゴで結成．エンパイア・ステート・ビル完成．パール・バック『大地』出版．倒産銀行数2294．

1932　**1月** スティムソン・ドクトリン声明．**2月** 金融・鉄道救済のため政府出資の復興金融公社設立．**3月** 労働者の権利に関するノリス＝ラガーディア法成立．**5月** 特別手当支給を要求する退役軍人の「ボーナス軍」，ワシントンに集結．**7月** 救済建設法成立，州の公共事業へ連邦資金貸し付け．**11月** 民主党のフランクリン・D・ローズヴェルト，大統領当選．

含む乗客多数が死亡. **7月** ウィルソン，ハイティに海兵隊派遣(16年9月保護国化).
＊クー・クラックス・クラン（KKK)，ジョージアで復活. チャップリン，映画制作開始.

1916 **3月** 米軍，メキシコに侵入. **5月** 海兵隊，サント・ドミンゴ上陸（〜24年7月). **8月** デンマークよりヴァージン諸島を購入. フィリピン独立の条件に関するジョーンズ法成立. **9月** 連邦児童労働法成立. 鉄道の労働条件改善のためのアダムソン法成立. **11月** ウィルソン，大統領再選. ジャネット・ランキン，女性初の下院議員に当選.
＊ジョン・デューイ『デモクラシーと教育』出版.

1917 **1月** ウィルソン，「勝利なき平和」演説. **2月** ドイツの無制限潜水艦戦争に抗議し，外交関係を断絶. **3月** ツィンメルマン覚書事件. **4月** 対独宣戦布告. **5月** 選抜徴兵法成立. **6月** 防諜法成立. **11月** 石井＝ランシング協定成立. ドミニカに海兵隊出兵. **12月** 全国の鉄道を国家管理下に置く（〜20年3月).
＊禁酒州，全州の半数に達する. 米国，債務国から債権国へ. ピューリッツァー賞授賞始まる.

1918 **1月** ウィルソン，議会で平和「十四か条」発表. 移民に識字テストを課す法案，ウィルソンの拒否を乗り越えて成立. **5月** 治安法成立. **7月** 欧州派遣軍100万に達する. **8月** 米軍，シベリアに出兵（〜20年4月).
＊最高裁，16年連邦児童労働法に違憲判決. 社会党指導者デブズ，反戦演説でスパイ法違反に問われ入獄. IWW幹部多数も政府により戦争妨害罪で入獄. キリスト教ファンダメンタリストの社会活動活発化. マーカス・ガーヴィー，黒人の祖国はアフリカと主張する黒人ナショナリスト運動の進展.

1919 **1月** パリ講和会議開催. 憲法修正18条（禁酒法）成立. **6月** ヴェルサイユ講和条約調印，第一次世界大戦終結. **8月** 労働者党（共産党）結成. **9月** ウィルソン，遊説中に発病，倒れる.
＊シカゴなど北部都市で人種暴動起こる.

1920 -

1920 **1月** 司法長官パーマーによる「赤狩り」で逮捕者2700人. **3月** 上院，ヴェルサイユ条約留保付批准案を否決. **5月** サッコとヴァンゼッティ，殺人容疑で逮捕（27年死刑). **8月** 憲法修正19条（女性参政権）発効. **11月** 共和党のハーディング，大統領当選.
＊KKK，南部以外でも支持者を増やす. ラジオの商業放送始まる.

1921 **11月** ワシントン海軍軍縮会議開催（〜22年2月). **12月** 米英仏日の四国条約調印.

1922 **2月** ワシントン会議で海軍軍縮条約と9か国条約に調印.
＊ライト設計の東京帝国ホテル完成.

年　表

1907 **3月** 日米紳士協定（08年2月発効）で，日本，米国への移民の自主規制を表明.
＊ウォルター・ラウシェンブッシュ『キリスト教と社会危機』，ウィリアム・ジェームズ『プラグマティズム』，ヘンリー・アダムズ『ヘンリー・アダムズの教育』出版.

1908 **6月** 資源保護のための全米国土保全委員会発足. **10月** 米大西洋艦隊，日本来航. **11月** 共和党のタフト，大統領当選. 高平＝ルート協定. 太平洋地域の現状維持，中国の門戸開放について合意.
＊連邦捜査局 FBI，各州にまたがる大型犯罪捜査のため司法省内に設置. フランク・ロイド・ライト，シカゴのロビー・ハウスを設計. イズラエル・ザングウィル「メルティングポット」上演.

1909 **4月** ペイン＝オルドリッチ関税法成立，税率引き下げ. **12月** ニカラグア干渉.
＊フォードの「モデルT」生産開始. 全米黒人地位向上協会（NAACP）発足（最初の公民権擁護団体）. ハーバート・クローリー『アメリカ生活の将来性』出版. フロイトやユングらの訪米で精神分析学浸透.

1910 -

1910 **1月** タフト，ピンショ森林局長を罷免. ローズヴェルトと対立. **6月** マン＝エルキンズ法成立.
＊カーネギー平和財団設立.

1911 **1月** ラフォレット上院議員，共和党全国革新連盟結成. **5月** 最高裁，スタンダード石油会社に反トラスト法違反として解体を指示. アメリカ煙草会社の解体も命令.
＊全国都市連盟（NUL）発足.

1912 **6月** 8時間労働法成立. 共和党のローズヴェルト派，革新党を結成し（16年解消），ローズヴェルトを大統領候補に指名. **11月** 民主党のウィルソン，大統領当選.
＊アメリカ社会党，大統領選挙および地方選挙で善戦. アメリカ社会主義運動最盛期.

1913 **2月** 憲法修正16条（所得税）発効. **5月** カリフォルニア州，日系移民の農地所有を禁止する立法成立. 憲法修正17条（上院議員直接選挙）発効. **10月** アンダーウッド関税法制定，税率30%に引き下げ. **12月** 連邦準備法制定，連邦準備銀行発足.
＊ニューヨークに高層建築増える. チャールズ・ビアド『合衆国憲法の経済的解釈』出版.

1914 **4月** ウィルソン，海兵隊を派遣しメキシコのヴェラクルス占領. **8月** ウィルソン，第一次世界大戦に中立宣言. パナマ運河開通. **9月** 連邦取引委員会法成立. **10月** クレイトン反トラスト法制定.
＊『ニューリパブリック』誌創刊.

1915 **5月** 独潜水艦攻撃により英客船ルシタニア号沈没，米国人128人を

＊ソースタイン・ヴェブレン『有閑階級の理論』出版．

1900

1900 **3月** 金本位制維持を明示した通貨法成立．**5月** 中国に義和団事件起こり，米国も鎮圧のための軍を派遣．**11月** マッキンレー，大統領再選．

1901 **2月** J・P・モーガン，USスティール設立．**3月** キューバ独立の条件を定めた「プラット修正」成立．**9月** マッキンレーが暗殺され，副大統領セオドア・ローズヴェルトが大統領就任．**11月** 中米の運河建設管理権に関する条約（ヘイ＝ポンスフォート条約）をイギリスと調印．

＊アメリカ社会党結成．ローズヴェルト，天然資源保護政策発表．ラフォレット，ウィスコンシン州知事就任，革新主義政策を進める．マックレーカー活動始まる．

1902 **3月** ローズヴェルト政権，ノーザン・セキュリティーズ社を反トラスト法違反として告発．**4月** 無期限の中国人移民排斥法成立．**5月** 全米鉱夫組合スト．**10月** ローズヴェルト，炭鉱争議解決促進のため，雇用者側に圧力．

＊ニューヨークの見世物に「動く写真」登場．

1903 **2月** 鉄道の規制を強化するエルキンズ法成立．**11月** ローズヴェルト，パナマ住民の反乱と独立援護のため軍艦派遣．米国，パナマ共和国を承認し，パナマから運河地帯を永久租借．

＊フォード自動車会社設立．W・E・B・デュボイス『黒人の魂』出版．ライト兄弟，飛行に成功．女子学生が大学生の4分の1を占める．

1904 **5月** パナマ運河建設開始（14年開通）．**11月** ローズヴェルト，大統領当選．**12月** ローズヴェルト，年次教書において「モンロー宣言」を拡大解釈（ローズヴェルト系論）．

＊最高裁，ノーザン・セキュリティーズ社対米国事件判決で同社の解体を指示．リンカーン・ステフェンズ『都市の恥』，アイダ・ターベル『スタンダード石油会社の歴史』などマックレーカーものの出版盛ん．

1905 **2月** 米国，サント・ドミンゴの税関管理権を獲得．**5月** 西海岸に日本人排斥同盟組織．**7月** 世界産業労働者組合（IWW）結成．**9月** ローズヴェルトの斡旋によりポーツマスで日露講和条約締結．

＊最高裁，ロックナー対ニューヨーク州事件で製パン工場の労働時間制限のための州法に違憲判決．デュボイスら黒人活動家，ナイアガラ運動の声明を発表．

1906 **4月** サンフランシスコ大地震．**6月** 鉄道規制強化のヘップバーン法成立．食肉検査法，純良食品薬品法制定．**10月** サンフランシスコ市教育委員会，アジア系学童に差別政策．

＊アプトン・シンクレア『ジャングル』出版．

年　表

1889　＊ジェーン・アダムズ，シカゴに「ハルハウス」設立.

1890　**7月** シャーマン反トラスト法成立. **10月** マッキンレー関税法成立. **12月** ウーンデッド・ニーでスー族虐殺.
＊国勢調査局，フロンティアの消滅を発表. アルフレッド・T・マハン『歴史における海軍力の影響』出版.

1891　**3月** 森林保護法成立.

1892　**2月** 人民党，セントルイスにおいて正式に結成. **7月** カーネギー鉄鋼ホームステッド工場で大争議（～11月）. **11月** 民主党のクリーヴランド，大統領再選.
＊自然保護論者ジョン・ミュア，シエラ・クラブ設立.

1893　**1月** ハワイで米国人住民，革命を起こし王制廃止. ハワイ併合は上院で否決. **5月** ニューヨーク株式市場急落.
＊フレデリック・J・ターナー「アメリカ史におけるフロンティアの意義」発表. シカゴ万国博覧会開催. エディソン，キネスコープ（映画映写機）完成. 大不況の襲来により労働者の2割失業.

1894　**3月**「コクシーの軍隊」がワシントンに行進（～5月）. **6月** アメリカ鉄道労働組合によるプルマン・ストライキ. **7月** クリーヴランド，プルマン・ストライキ鎮圧に連邦軍を派遣.

1895　**9月** ブッカー・T・ワシントン，アトランタ綿産州博覧会で演説.
＊シアーズ・ローバック社，通信販売事業で大都市外の市場を開拓. フレデリック・テイラー，労働と生産の科学的管理を提唱.

1896　**5月** 最高裁，プレッシー対ファーガソン事件の判決で「分離すれども平等」の原則を確立. **7月** ウィリアム・ジェニングズ・ブライアン，「金の十字架」演説. ブライアン，人民党と民主党から大統領候補に指名される. **11月** 共和党のマッキンレー，大統領当選.

1897　**7月** ディングリー関税法，税率これまでの最高の57%.
＊ボストンで米国最初の地下鉄開通.

1898　**2月** キューバのハヴァナ港で米軍艦メイン号爆沈される. **4月** 連邦議会，スペインに宣戦（米西戦争勃発). **7月** ハワイ併合. **12月** パリ条約. 米西戦争講和により，米国はフィリピン，プエルトリコ，グアムを領有.
＊反帝国主義連盟結成，フィリピン領有に反対.「イエロー・ジャーナル」出現.

1899　**1月** ウェーク島領有. **2月** フィリピンで独立派アギナルドの反乱. **9月** 国務長官ジョン・ヘイ，中国門戸開放宣言. **12月** 英，独とのベルリン条約によりサモア諸島東部分を領有.

ＦＢＩ　㊦19,21,60,76,117,118,178
ＦＲＢ→連邦準備制度理事会
ＧＩビル　㊦13,29,31
ＧＭ→ジェネラル・モーターズ
ＨＭＯ→健康維持組織
ＨＵＡＣ→非米活動委員会
ＫＫＫ→クー・クラックス・クラン
ＮＡＡＣＰ→全米黒人地位向上協会
ＮＡＦＴＡ→北米自由貿易協定
ＮＡＳＡ（航空宇宙局）　㊦41
ＮＡＴＯ→北大西洋条約機構
ＮＩＲＡ→全国産業復興法
ＮＯＷ→全米女性機構
ＮＲＡ→全国復興局
ＮＳＣ→国家安全保障会議
ＮＳＣ－68　㊦10
ＮＹＡ→全国青年局
ＯＰＥＣ（石油輸出国機構）　㊦114,121,124
ＰＣ　㊦178
ＰＬＯ（パレスチナ解放機構）　㊦189
ＰＷＡ→公共事業局
ＲＦＣ→復興金融会社
ＳＡＬＴＩ（第一次戦略兵器制限条約）　㊦112
ＳＡＬＴII（第二次戦略兵器制限条約）　㊦127
ＳＤＩ→戦略防衛構想
ＳＤＳ→民主主義社会を支持する学生
ＳＮＣＣ→学生非暴力調整委員会
ＴＶＡ→テネシー川流域公社
ＵＡＷ→統一自動車労働組合
ＵＦＷ→農業労働者連合
ＵＮＩＡ→全黒人地位改善協会
ＵＳスティール　㊤112,㊦121
ＷＡＳＰ（ワスプ）　㊤9,47,49,80,㊦156
ＷＰＡ→事業促進局
ＷＴＯ（世界貿易機関）　㊦182

176, 177, 180, 184, 185, 198
レーガン革命　㊦131, 187
レーガン・デモクラット　㊦132
連邦準備制度　㊤92
連邦準備制度理事会（ＦＲＢ）　㊦124, 137
連邦政府　㊤35, 42, 87〜90, 116, 121, 122, 140, 149, 150, 153〜155, 159, 161, 164, 169, 194, ㊦46, 48, 62, 63, 67, 71, 74, 87, 88, 105, 113, 118, 120, 129〜131, 159, 169, 178, 179, 182, 186, 188, 189, 197

［ろ］
ロウ対ウェイド事件　㊦98
労働組合　㊤49, 86, 89, 92, 101, 111〜113, 157, 162〜164, 169, 189, ㊦13, 42, 122, 131, 162, 164, 165, 190
労働者　㊤iv, 4, 6, 7, 20, 27, 29〜32, 35〜37, 39〜41, 45, 48, 49, 58, 60, 64, 66, 68, 80, 81, 83, 84, 88, 89, 92, 108〜116, 122, 130, 135, 141〜143, 147, 148, 157, 159, 162〜165, 167, 169, 170, 186, 189, 190, 193, ㊦13, 34, 38, 42, 102, 114, 121, 122, 130〜132, 138, 162〜165, 184, 197
ロサンジェルス　㊤110, 185, 193, 194, ㊦40, 43, 75, 88, 89, 104, 154, 159, 171, 178
ローズヴェルト，エレノア　Roosevelt, Anna Eleanor　㊤170, 171
ローズヴェルト，セオドア　Roosevelt, Theodore　㊤54, 57, 71, 72, 88〜96, 101
ローズヴェルト，フランクリン・D　Roosevelt, Franklin Delano　㊤151〜154, 158〜162, 166〜171, 175〜183, 192, 198〜200, ㊦2, 5, 13, 14, 23, 54, 59, 60, 135
ローズヴェルト系論　㊤94
ローズヴェルト連合　㊤167
ローゼンバーグ，ジュリアス　Rosenberg, Julius　㊦21
ロックフェラー，ジョン・D　Rockefeller, John Davison　㊤23, 24, 83
ロバートソン，パット　Robertson, Pat　㊦176
ロビンソン，ジャッキー　Robinson, Jackie　㊦48
炉辺談話　㊤154, 181, ㊦123
ロング，ヒューイ　Long, Huey Pierce　㊤159, 160, 166

［わ］
若者　㊤31, 109, 117, 127, 135, 191, 194, ㊦17, 40, 56, 83〜87, 89, 106, 131, 133
ワグナー法→全国労働関係法
ワシントン　㊤iii, 35, 36, 129, 143, 145, 146, ㊦18, 73, 167, 172
ワシントン，ブッカー・T　Washington, Booker Taliaferro　㊤29, 67
ワシントン行進　㊤192, ㊦69, 70, 172
ワスプ→ＷＡＳＰ
ワッツ　㊦75
ワールド・トレード・センター　㊦200
湾岸戦争　㊦145, 147

［アルファベット］
ＡＡＡ→農業調整法
ＡＦＬ→アメリカ労働総同盟
ＡＩＭ→アメリカ・インディアン運動
ＣＣＣ→民間資源保存団
ＣＩＡ（中央情報局）　㊦10, 26, 27, 56, 57, 60, 117, 141
ＣＩＯ→産業別労働組合会議
ＣＷＡ→民間事業局
ＤＬＣ→民主党指導者評議会
ＥＥＯＣ→雇用機会均等委員会
ＥＰＡ→環境保護庁
ＥＲＡ→平等権修正

モーガン, J・P Morgan, John Pierpont ㊤88
(オリンピック)モスクワ大会 ㊦127
モラル・マジョリティ ㊦176
モロトフ Molotov, Vyacheslav Mikhailovich ㊦5
モンキー裁判 ㊤121
門戸開放宣言 ㊤59
モンデール, ウォルター Mondale, Walter Frederick ㊦138

[や]
野球 ㊤2,6,32,㊦38
ヤルタ協定 ㊦5

[ゆ]
有権者登録 ㊦48,70〜72,103
ユダヤ人 ㊤31,48,51,124,195

[よ]
余暇 ㊤6,30,43,144

[ら]
ラジオ ㊤28,104,106,114,118,121,153,154,160,㊦38
ラスト・ベルト ㊦121
ラティーノ(ヒスパニック系) ㊦72,88〜90,92,151
ラフォレット, ロバート La Follette, Robert Marion ㊤87,129
ラフライダーズ ㊤57,71
ランキン, ジャネット Rankin, Jeannette ㊤184
ランドルフ, A・フィリップ Randolph, Asa Philip ㊤192
ランドン, アルフレッド Landon, Alfred Mossman ㊤166

[り]
リー, バーバラ Lee, Barbara ㊦206,210
リヴェット工ロージー ㊤189
リース, ジェイコブ Riis, Jacob August ㊤15,16,18
リースマン, デイヴィッド Riesman, David ㊦40
リップマン, ウォルター Lippmann, Walter ㊤87
リード, ジョン Reed, John ㊤86
リトルロック ㊦46
リノ, マイロ Reno, Milo ㊤145
リーヒー, ウィリアム Leahy, William Daniel ㊤201
リベラル派 ㊤124,㊦13,61,102,104,115,128,133,147,150,157,177,186,190,193,194,197
リンチ ㊤46,67,139
リンドバーグ, チャールズ Lindbergh, Charles Augustus ㊤118,181

[る]
累進課税 ㊤38
ルイス, ジョン Lewis, John Llewellyn ㊤163
ルイス, シンクレア Lewis, Harry Sinclair ㊤126
ルウィンスキー, モニカ Lewinsky, Monica ㊦191,192
ルース, ベーブ Babe Ruth ㊤118
ルース, ヘンリー Luce, Henry Robinson ㊤1〜3,9,174〜176,203,㊦2,4,15,199,208

[れ]
冷戦 ㊤2,㊦4,7,9,10,14〜19,22,23,28,29,34,35,41,43,50〜53,55,58,78,79,109〜111,140,145
レヴィットタウン ㊦31,33
レーガノミクス ㊦134
レーガン, ロナルド Reagan, Ronald Wilson ㊦59,95,128〜144,150,162,164,166,170,

McNamara, Robert Strange ㊦82
マクナリー＝ホーゲン法　㊤113
マーシャル，サーグッド　Marshall, Thurgood　㊦44, 143
マーシャル，ジョージ　Marshall, George Catlett　㊦11, 23
マーシャル・プラン　㊦11
マスキー法→大気清浄法
マスメディア　㊤33, ㊦19, 94, 205, 207, 211
マッカーサー，ダグラス　MacArthur, Douglas　㊤146, 200, ㊦16〜18
マッカーシー，ジョゼフ　McCarthy, Joseph Raymond　㊦19, 22〜24
マッカーシー，ユージン　McCarthy, Eugene Joseph　㊦102
マッカーシズム　㊦24
マッカラン国内安全保障法　㊦21
マッキンレー，ウィリアム　McKinley, William　㊤39, 40, 55, 64, 70, 71, 88
マックジョブ　㊦162
マハン，アルフレッド・T　Mahan, Alfred Thayer　㊤54
麻薬　㊤122, 123, ㊦73, 85, 86, 166〜168
マルコムX　Malcolm X　㊦59, 77
マンハッタン計画　㊤200

［み］
ミサイル　㊦55, 139
ミサイルギャップ　㊦55
ミーニー，ジョージ　Meany, George　㊦42
ミュア，ジョン　Muir, John　㊤89
ミルク，ハーヴェイ　Milk, Harvey　㊦180
ミレット，ケイト　Millet, Kate　㊦94
民間事業局（CWA）　㊤158
民間資源保存団（CCC）　㊤158
民主主義社会を支持する学生（SDS）　㊦83, 106
民主主義の大兵器廠　㊤181
民主党　㊤35, 38〜40, 70, 71, 90, 116, 121, 129, 130, 149, 151, 152, 167, 168, 171, 198, ㊦12, 20, 23, 61, 95, 102〜105, 113, 116, 122, 124, 131, 138, 142〜144, 147, 180, 183〜185, 187, 188, 190, 191, 193, 194
民主党指導者評議会（DLC）　㊦184

［む］
ムッソリーニ　Mussolini, Benito　㊤176, 195

［め］
メイン号　㊤56
メキシコ　㊤50, 96, 139, ㊦154, 190
メキシコ系　㊤142, 193, 194, ㊦88, 89
メキシコ系アメリカ人　㊤139, 140, 194, ㊦89
メキシコ人　㊤96, 139, 140, 193, ㊦89
メディア　㊤33, 55, 101, 106, 107, 124, ㊦19, 22, 60, 82, 97, 109, 133, 134, 164, 165, 205, 210
メディケア　㊦62, 186, 188, 196
メディケイド　㊦62, 186
メルティングポット（人種の坩堝）　㊤99, ㊦91, 156
メレディス，ジェームズ　Meredith, James　㊦67
メロン，アンドルー　Mellon, Andrew William　㊤129〜131
メンケン，H・L　Mencken, Henry Louis　㊤126

［も］
毛沢東　㊦15, 120

ブルーム，アラン Bloom, Allan ㊦157
ブレジネフ Brezhnev, Leonid Iliich ㊦127
プレスリー，エルヴィス Presley, Elvis ㊦39,86,106
プレッシー対ファーガソン判決 ㊤46
ブレーディ銃保持規制法 ㊦185
ブローカー国家 ㊤170,171
フロンティア ㊤15,52,61
文化革命 ㊦99
文化戦争 ㊦148,150,157,175,177〜181,192,193,195,196〜198
文化多元主義 ㊤97,100,171,㊦91,156,157,159

［へ］
米西戦争 ㊤33,55,57,59,71
米ソ巨頭会談 ㊦27
平和部隊 ㊦56
ベトナム ㊦16,25,78〜81,107,109,110,154
「ベトナム化」政策 ㊦107
ベトナム人 ㊦16,60
ベトナム・シンドローム ㊦140
ベトナム戦争 ㊤59,㊦17,35,50,64,78〜81,84,98,102,108,110〜113,120,129,139
ベトナム反戦運動 ㊤8,㊦83,84,133,183
ベビーブーマー ㊦35〜37,39,93,183,185,192
ベビーブーム ㊦35,36
ヘミングウェイ，アーネスト Hemingway, Ernest Miller ㊤126,127
ベリー，メアリー Berry, Mary ㊦198
ベル，アレグザンダー・グレアム Bell, Alexander Graham ㊤24,25
ベル，ダニエル Bell, Daniel ㊦133
ベルリン ㊦7,55
ベルリンの壁 ㊦55
ペロー，ロス Perot, Ross ㊦185

［ほ］
ボクシング ㊤32
北米自由貿易協定(NAFTA) ㊦190
保守派 ㊤166,168,㊦98,113,126〜129,131,139,143,144,148,150,175〜177,180,182,184,188,192,193,196,197
ボス ㊤81,83,84,122
ボスニア ㊦190
ホッファ，ジミー Hoffa, Jimmy ㊦42
ポドレッツ，ノーマン Podhoretz, Norman ㊦133
ボーナス軍 ㊤145,146,㊦18
ホプキンズ，ハリー Hopkins, Harry Lloyd ㊤158
ホームレス ㊤10,14,㊦166
ホメイニ Khomeini, Ayatollah Ruhollah ㊦124
ポール，アリス Paul, Alice ㊤98
ホワイト，ジョージ White, George ㊤72
ボーン，ランドルフ Bourne, Randolph Silliam ㊤100

［ま］
マイアミ ㊤144,㊦155
マイクロソフト ㊤24,㊦161
マイノリティ ㊤9,75,79,111,113,119,142,163,170,172,195,㊦32,33,42,43,64,74,86,89〜92,105,113,116,131,151,153,154,158,196,205
マクヴェイ，ティモシー McVeigh, Timothy ㊦178
マクドナルド ㊤2,㊦39,121,162,163
マクナマラ，ロバート

ピューリッツァー，ジョゼフ　Pulitzer, Joseph　㊤33,55
平等権　㊤5,㊦92,94,98
平等権修正(ERA)　㊤117,㊦95,96,132,179
平等賃金法　㊦93
ヒル，アニタ　Hill, Anita　㊦144
貧困　㊤ii,4,5,10,14,15,27,35,60,83,107,111,113,142,148,158,㊦11,29,43,53,63,64,73,82,89,166,169,208,213
貧困者　㊤21,80,84,167,㊦64,73,104,105,113,130,162,166,186
ピンショ，ジフォード　Pinchot, Gifford　㊤89,90

［ふ］
ファイアストン，シュラミス　Firestone, Shulamith　㊦94
ファシスト政権　㊤178
ファラカン，ルイス　Farrakhan, Louis　㊦172
フィッツジェラルド，F・スコット　Fitzgerald, Francis Scott Key　㊤126
フィリピン　㊤55,57〜59,66,68〜71,200,㊦15,154
フーヴァー，エドガー　Hoover, John Edgar　㊦21
フーヴァー，ハーバート　Hoover, Herbert Clark　㊤130,131,137,145,146,148〜151,178
フーヴァー村　㊤137
封じ込め政策　㊦9〜11,15
フェアディール　㊦14
フェミニズム　㊤42,43,85,97〜99,116,㊦92〜98,175,179
フェラーロ，ジェラルディン　Ferraro, Geraldine Anne　㊦95,138
プエルトリコ　㊤55,57
フォード，ジェラルド　Ford, Gerald Rudolph　㊦115,117,118,120,122
フォード，ヘンリー　Ford, Henry　㊤6,108,109,112,㊦31
フォード・モデルT　㊤6,108
フォーナー，エリック　Foner, Eric　㊦211
フォール，アルバート　Fall, Albert Bacon　㊤128
フォールウェル，ジェリー　Falwell, Jerry　㊦176
武器貸与法　㊤181,182
福音主義キリスト教　㊦175
福祉国家　㊦14,188
福祉資本主義　㊤112,162
フセイン，サダム　Hussein, Sadam　㊦145〜147
復興金融公社(RFC)　㊤150
ブッシュ，ジョージ　Bush, George Herbert Walker　㊦95,143〜147,164,177,179,185
ブッシュ，ジョージ・W　Bush, George Walker　㊦12,182,193〜198,200,202〜205,208,209
ブライアン，ウィリアム・ジェニングズ　Bryan, William Jennings　㊤40,58,70〜72,95,121
ブラウン判決　㊤47,㊦44〜46,143
ブラック・パワー　㊤120,㊦66,76,77,103,156
ブラック・パンサー　㊦77
フラッパー　㊤114,115
フランス　㊤129,175,177,198,㊦16,25,26,127,146
フリースピーチ運動　㊦83
フリーダム・ライダーズ　㊦66
フリーダン，ベティ　Friedan, Betty Naomi Goldstein　㊦37,93
フルシチョフ　Khrushchyov, Nikita Sergeevich　㊦28,35,58
フルブライト，ウィリアム　Fulbright, James William　㊦81
プルマン・ストライキ　㊤36

[ね]
ネイティヴィズム　㊤47〜49,51,58,60,125
ネオコンサーヴァティズム→新保守主義
ネオリベラリズム　㊦184,188,190
ネガティヴ・キャンペーン　㊦143
ネーション・オヴ・イスラム　㊦77,172

[の]
農業　㊤113,135,148,149,154,155,158,㊦42
農業調整法(AAA)　㊤154,155,157,168
農業労働者連合(UFW)　㊦89
農民　㊤4,35,37〜41,60,80,81,113,135〜137,142,144,145,147,154,155,167,170,㊦13,42,43
農民休日連盟　㊤145
農民連盟　㊤37〜39
ノース，オリヴァー　North, Oliver　㊦141,142

[は]
バエズ，ジョーン　Baez, Joan　㊦86
パーキンズ，フランシス　Perkins, Frances　㊤85,171
パークス・ローザ　Parks, Rosa　㊦47
バージェス，ジョン　Burgess, John William　㊤54
バスィング　㊦74,113
ハースト，ウィリアム・ランドルフ　Hearst, William Randolph　㊤33,55,56
バス・ボイコット　㊦46,47
バッキー，アラン　Bakke, Allan　㊦74
パックス・アメリカーナ　㊤2,8,㊦58
ハーディング，ウォーレン　Harding, Warren Gamaliel　㊤128,129
バートン，ブルース　Barton, Bruce　㊤106
パナマ　㊤93,95,㊦126,145
パーマー，ミッチェル　Palmer, Alexander Mitchell　㊤123
バーミングハム　㊦67,70
ハリウッド　㊤106,㊦20,128
ハリントン，マイケル　Harrington, Michael　㊦53
バルーク，バーナード　Baruch, Bernard Mannes　㊦4
ハルハウス　㊤17,18,85
パーレヴィ国王　Muhammad Reza Shah Pahlevi　㊦127
パレスチナ解放機構→PLO
ハーレム　㊤27,118
ハーレム・ルネッサンス　㊤119
反戦　㊦81,82,84,86,94,102〜105,107,110,113,116,133,183,184,210,211
ハンフリー，ヒューバート　Humphrey, Hubert Horatio　㊦102,104
反ユダヤ　㊤109,161

[ひ]
ビヴァリッジ，アルバート　Beveridge, Albert Jeremiah　㊤53
東ドイツ　㊦55
ヒス，アルジャー　Hiss, Alger　㊦20
ヒスパニック系→ラティーノ
ヒットラー　Hitler, Adolf　㊤175〜177,195,199,㊦5,8
ヒッピー　㊦35,40,82〜86
ビート族　㊦41,85
非米活動委員会(HUAC)　㊦20
ヒューズ，チャールズ・E　Hughes, Charles Evans　㊤129
ヒューズ，ラングストン　Hughes, Langston　㊤119

デブズ，ユージン Debs, Eugene Victor ㊤36, 37, 58, 86, 129
デューイ，トマス Dewey, Thomas Edmund ㊤198, ㊦12
デュカキス，マイケル Dukakis, Michael Stanley ㊦143
デュボイス，W・E・B Du Bois, William Edward Burghardt ㊤67
テレビ ㊤28, 33, ㊦24, 27, 34, 38, 52, 57, 59, 67, 68, 71, 75, 81, 102, 123, 128, 131, 135, 143, 144, 171, 172, 191, 200〜202
テロ ㊤iii, 183, ㊦140, 141, 159, 179, 189, 199, 200, 202〜210, 213
電話 ㊤24〜26, 38, 65, 104, 106, 114

［と］
ドイツ ㊤2, 23, 95, 97, 148, 176〜179, 182, 195, 198, ㊦5〜7
統一自動車労働者組合（UAW） ㊤164
同性愛 ㊦96, 97, 168, 175, 179〜181, 196
同性愛者 ㊦86, 96, 97, 180, 197
東南アジア ㊦16, 81, 125
投票権法 ㊦70, 71
ドッジ，メーベル Dodge, Mabel ㊤86, 87, 98
トマス，クラレンス Thomas, Clarence ㊦144
トラスト ㊤83, 88, 90〜92
ドル外交 ㊤95, 96
トルコ ㊦8, 9
トルーマン，ハリー Truman, Harry Shippe ㊤199〜202, ㊦2, 5, 6, 8〜10, 12〜18, 20, 21
トルーマン・ドクトリン ㊦8, 20
トンキン湾決議 ㊦80, 108

［な］
ナイ，ジェラルド Nye, Gerald Prentice ㊤178, 181
南部 ㊤37, 39〜41, 46, 47, 67, 72, 112, 121, 124, 138, 139, 155, 160, 167, 168, 170, 192, 193, ㊦43, 45, 46, 60, 65〜67, 71〜73, 103, 104, 122, 123, 131, 143, 184, 192

［に］
二か国語教育 ㊦90
ニカラグア ㊤96, ㊦140, 141
ニクソン，リチャード Nixon, Richard Milhous ㊦15, 20, 35, 52, 105〜108, 110〜120, 130, 142, 150
西ドイツ ㊦11, 55, 127, 162
日米安全保障条約 ㊦18
日系アメリカ人 ㊤49, ㊦90
日系移民 ㊤100, 195
日系人強制収容 ㊤49, 197, ㊦160
ニッケル・オデオン ㊤31, 32
日本 ㊤ii, 2, 3, 53, 94〜97, 125, 129, 146, 175, 176, 178〜180, 182, 184, 185, 197, 200, 201, ㊦15, 18, 19, 111, 114, 121, 127, 162
日本人移民排斥運動 ㊤94
ニュー・エイジ ㊤104
ニューディール ㊤134, 150, 152, 154, 156, 159, 161, 162, 165〜172, 174, 176, 185, 195, ㊦13, 14, 60, 129, 130, 184
ニューナショナリズム ㊤90, 91
ニューフリーダム ㊤90, 91
ニューフロンティア ㊦50, 54, 56, 59, 60, 113
ニューヨーク ㊤iii, 15, 16, 18, 27, 31, 32, 105, 118, 119, 138, ㊦31, 43, 88, 89, 96, 97, 154, 158, 159, 167, 200, 205
ニューヨーク・ジャーナル ㊤33
ニューヨーク・タイムズ ㊤65, ㊦192
ニューヨーク・ワールド ㊤33
ニューライト ㊦132, 176, 177, 179, 180
ニューレフト ㊦83, 84, 93, 110

188,㊦39,40
大西洋憲章　㊤182,㊦2
大統領選挙　㊤70,86,129,130,146,151,152,160,167,198,㊦12,52,61,98,102,115,122,128,138,139,183,188,193,197,198
台所論争　㊦34
第二次戦略兵器制限条約→SALT II
第二次大戦　㊤134,176,177,185,186,195,202,㊦14,78,109
第二次ニューディール　㊤162,165
対日講和条約　㊦18
第二派フェミニズム　㊦92,96
第二〇九提案　㊦170
第一八七提案　㊦158
第四次中東戦争　㊦114
台湾　㊦15,16
タウンゼンド，フランシス　Townsend, Francis Everett　㊤159,161
タカキ，ロナルド　Takaki, Ronald　㊤202
ターケル，スタッズ　Terkel, Studs　㊤143
ダストボウル　㊤136,137,145
ターナー，フレデリック・ジャクソン　Turner, Frederick Jackson　㊤52
タフト，ウィリアム・ハワード　Taft, William Howard　㊤90,92,95,96,101
タフト＝ハートレー法　㊦13
ダブルV　㊤192
多文化主義　㊤8〜10,97,100,㊦91,156,157,159
ターベル，アイダ　Tarbell, Ida Minerva　㊤83
ダレス，ジョン・フォスター　Dulles, John Foster　㊦24〜26
弾劾　㊦117〜119,142,190〜192
男性　㊤9,75,79,116,140〜142,171,㊦36,74,94,163,164,178

［ち］
小さな政府　㊤21,㊦112,129〜131,136,138,196
地球の日→アースデイ
チズム，シャーリー　Chisholm, Shirley Anita St. Hill　㊦104
知的探求体制　㊤76,78,79,100,134,152,181
チャーチル　Churchill, Sir Winston Leonard Spencer　㊤182,㊦2,6,8
中央情報局→CIA
中華人民共和国　㊦15
中距離核戦力（INF）全廃条約　㊦140
中国　㊤ii,53,59,69〜71,95,96,176,179,180,182,㊦10,14〜17,110,111,115,120,125,127
中国系移民　㊤49,197
中国人　㊤47,99,197
中国人移民排斥法　㊤49,197
中産階級　㊤iv,6,7,9,26〜31,33,42,43,45,60,78〜82,84,85,99〜101,104,109,110,114〜116,141,142,㊦30〜34,36〜38,62,83,84,93,105,106,113,116,162,163,167〜169,176
中立法　㊤179
朝鮮　㊦16,18,24
朝鮮戦争　㊦10,18,19,25,29
朝鮮民主主義人民共和国→北朝鮮

［て］
帝国主義　㊤57,71,93
テイラー，フレデリック　Taylor, Frederick Winslow　㊤108
ディラン，ボブ　Dylan, Bob　㊦86
鉄のカーテン　㊦6,7
デトロイト　㊤118,193,㊦75
テネシー川流域公社（TVA）　㊤157,158
デパート　㊤29,30,34,45,105,187

J.　㊦171,172
新保守主義（ネオコンサーヴァティズム）　㊦132,133,157,184
進歩派　㊤157,㊦98,143,148,150,177,192,198
人民党　㊤37～41,52,160
新連邦主義　㊦112,130

［す］
スコッツボロ事件　㊤139
スコープス　Scopes, John T.　㊤121
スタイナム，グローリア　Steinem, Gloria　㊦94
スタインベック，ジョン　Steinbeck, John Ernst　㊤137
スターリン　Stalin, Iosif Vissarionovich　㊦5,27
スタンフォード大学　㊤77,185,㊦161
スティヴンソン，アドレー　Stevenson, Adlai Ewing　㊦20
スティムソン　Stimson, Henry Lewis　㊤178
ステフェンズ，リンカン　Steffens, Lincoln　㊤83
ズートスーツ暴動　㊤193
ストライキ　㊤27,35～37,66,88,89,92,145,163,164,189,㊦13,89
ストロング，ジョサイア　Strong, Josiah　㊤54
ストーンウォール・イン　㊦97
スプートニク　㊦41,51
スペイン　㊤55～59,61,178,179
スペンサー，ハーバート　Spencer, Herbert　㊤21～23
スポーツ　㊤6,32,118,㊦38,48
スミス，アルフレッド　Smith, Alfred Emanuel　㊤130,152
座り込み　㊦65

［せ］
性差別　㊦92,93,95,98
世界貿易機関→WTO
石油ショック　㊦114,115,161
石油輸出国機構→OPEC
石鹸　㊤27～29
セツルメント　㊤17,85
宣教師外交　㊤95,96
全国産業復興法（NIRA）　㊤156,157,159,162,163,168
全黒人地位改善協会（UNIA）　㊤119,120
全国青年局（NYA）　㊤166
全国復興局（NRA）　㊤156,157,171
全国労働関係法（ワグナー法）　㊤162,168
先住民→インディアン
宣戦布告　㊤56,70,177,182,184,㊦17,78,80
先端科学技術　㊤3,8～10,㊦161
全米黒人地位向上協会（NAACP）　㊦44,47
全米女性機構（NOW）　㊦93,94
戦略防衛構想（SDI）　㊦139
善隣外交　㊤177

［そ］
ソーシャル・ダーウィニズム　㊤21～23,35,43,53,58
ソ連　㊤2,48,74,97,177,198,199,201,㊦2,4～13,16～18,20,21,25～28,34,41,43,51,53,55～58,79,109～112,115,120,125,127,139,140,142,144～147

［た］
第一次戦略兵器制限条約→SALT I
第一次大戦　㊤92,93,97,101,145,178,184,㊦109
大韓民国　㊦16
大気清浄法（マスキー法）　㊦113
大衆消費社会　㊤34,78,104,107,108,126,134,㊦35
大衆消費文化（消費文化）　㊤4,6,7,82,97,101,109,117,147,186,

サムナー，ウィリアム・グレアム Sumner, William Graham ㊤23,24
サラダボウル ㊦91
サンガー，マーガレット Sanger, Margaret ㊤87,98,99,115
産業空洞化 ㊦121
産業別労働組合会議（ＣＩＯ） ㊤163,㊦42
産児制限 ㊤87,98,99,115,124
ザンツ，オリヴィエ Zuntz, Olivier ㊤2,76
サンフランシスコ ㊤163,185,197,㊦2,3,40,85,96,180
サン・ベルト ㊦122

［し］
ジェネラル・エレクトリック ㊤25,77,㊦121,163
ジェネラル・モーターズ（GM） ㊤144,164
シェパード＝タウナー法 ㊤116
シカゴ ㊤17,18,37,85,118,122
事業促進局（ＷＰＡ） ㊤165,166
自然保護 ㊤80,89,90
自動車 ㊤6,101,104,105,108～111,114,117,147,164,188,㊦31～34,38,42,124,162
ジムクロウ法 ㊦47
シャヴェス，シーザー Chavez, Cesar Estrada ㊤135
社会主義者 ㊤86,123,159
社会党 ㊤37,86,90
社会保障制度 ㊤165,㊦14,61,173
社会保障法 ㊤161,168
周恩来 ㊦112
州権党 ㊦12
自由放任主義 ㊤41,149,㊦130
シュラフリー，フィリス Schlafly, Phyllis ㊦179
シュレジンガー，アーサー Schlesinger, Arthur Meier, Jr. ㊦157
蔣介石 ㊦14,15
消費文化→大衆消費文化
女性 ㊤iv,7,9,29,30,34,41～43,45,68,72,75,79,82,84,85,98,112,114～116,140～142,163,170～172,189～191,㊦35～37,43,74,86,92～95,97,98,116,144,146,163～165,173,178,179,185,193
女性参政権 ㊤5,39,42,98,116,㊦96
女性の地位に関する特別委員会 ㊦93
女性労働者 ㊤84,112,116,141,189
ジョーダン，マイケル Jordan, Michael ㊦213
初等中等教育法 ㊦63
所得税 ㊤23,90,91,㊦61
ジョンソン，ヒュー Johnson, Hugh Samuel ㊤156,157
ジョンソン，リンドン Johnson, Lyndon Baines ㊤180,㊦53,60～63,70,71,74,75,79,80,82,87,102,104,105,110,113,120,143
シリコンヴァレー ㊤77,㊦161
新移民 ㊤47,125
進化論 ㊤21～23,121,124
人権外交 ㊦125
人工中絶 ㊦97,98,113,132,139,173,175,177,179,180,196,197
人口の多様化 ㊤9,50,80,㊦150,159,172
人種隔離 ㊤46,47,60,67,110,139,193,㊦44～47,65～67,71～73,105
人種差別 ㊤8,40,47,51,60,67,75,81,139,170,192,㊦44,47,53,68,75,76,95,169
人種の坩堝→メルティングポット
人種暴動 ㊤193,㊦75,105
真珠湾 ㊤1,175,182～185,㊦201,204
シンプソン，Ｏ・Ｊ Simpson, O.

John Fitzgerald　㊦41, 50〜63, 66〜68, 70, 78, 79, 93, 104, 105, 136
ケネディ，ロバート　Kennedy, Robert Francis　㊦59, 67, 102, 104
健康維持組織（HMO）　㊦187
健康保険制度　㊦14, 62, 185, 186
ケント州立大学　㊦107
原爆　㊤ii, 181, 200〜202, ㊦7, 10, 17, 21, 27, 80

［こ］
ゴア，アル　Gore, Albert, Jr.　㊦12, 185, 188, 193, 194, 196〜198
郊外　㊤26, 27, 81, 82, 101, 108, 110, ㊦30〜34, 38, 131, 168
公共事業局（PWA）　㊤156
航空宇宙局→NASA
広告　㊤27〜29, 34, 43, 105〜107, 187
公民権運動　㊤8, 67, 171, 191, ㊦35, 40, 47, 48, 53, 64〜66, 69, 71, 73, 76, 78, 83, 86, 87, 90, 91, 93, 94, 96, 98, 102, 103, 105, 116, 133, 144, 156, 159, 165, 168, 170, 210
公民権法　㊦48, 61, 69〜72, 168, 170
声なき多数派　㊦105, 106, 112
国際連合（国連）　㊦2, 16, 17, 26, 146, 189, 197
国際連盟　㊤97, 176, ㊦2
コクシーの軍隊　㊤35, 36
黒人　㊤iv, 7, 9, 27, 29, 40, 41, 46〜48, 51, 57, 60, 67, 68, 72, 75, 79, 80, 99, 110〜112, 118〜120, 124, 138〜142, 155, 163, 166, 167, 170, 171, 191〜195, ㊦13, 32, 39, 42〜44, 46〜48, 53, 64, 65, 67〜70, 72〜77, 86, 88, 89, 91〜93, 102〜104, 116, 123, 131, 132, 144, 151, 153, 155, 158, 159, 165〜172, 182, 185, 187, 193
黒人議員　㊦72, 103
黒人研究　㊦77, 92
国勢調査　㊤52, 125, ㊦88, 151, 153
コグリン，チャールズ　Coughlin, Charles Edward　㊤159, 160
国連→国際連合
国連軍　㊦16, 17, 190
コソヴォ　㊦190
国家安全保障会議（NSC）　㊦10, 141
国家安全保障法　㊦9, 10
子供　㊤85, 115, 116, 142, 165, 190, 191, ㊦32, 36, 37, 64, 169, 173, 174, 188
コミュニタリアニズム　㊦185
雇用機会均等委員会（EEOC）　㊦144, 170
コリアー，ジョン　Collier, John　㊤171
孤立主義　㊤178
ゴールドウォーター，バリー　Goldwater, Barry Morris　㊦61, 80, 176
ゴールドマン，エマ　Goldman, Emma　㊤86, 98
ゴルバチョフ，ミハイル　Gorbachyov, Mikhail Sergeevich　㊦140
コンピューター　㊦160, 161
棍棒外交　㊤95

［さ］
最高裁判所　㊤46, 47, 155, 157, 159, 162, 168, 195, ㊦44, 45, 47, 67, 72, 74, 88, 98, 117, 138, 139, 143, 144, 177, 180, 193〜195, 197, 198
財政赤字　㊦130, 137, 138, 143
「裁判所詰め替え」法案　㊤168
サーカス　㊤30, 31
サッコとヴァンゼッティ事件　㊤123
サービス産業　㊤108, ㊦121, 162
サプライサイド　㊦134, 136

［き］
北大西洋条約機構（NATO） ㊦11, 27, 190
北朝鮮（朝鮮民主主義人民共和国） ㊦16, 17
キッシンジャー，ヘンリー Kissinger, Henry Alfred ㊦107, 108, 111, 112, 118, 120
ギブソン・ガール ㊤45
逆差別 ㊦74, 170
キャット，キャリー・C Catt, Carrie Chapman ㊤98
キャリアウーマン ㊤114, ㊦164
キューバ ㊤55〜57, ㊦27, 56〜58
キューバ危機 ㊦53, 55
恐慌（経済恐慌） ㊤34, 39, 52, 112, 134, 135, 138〜140, 142, 143, 148〜151, 153, 154, 174, 175, 186, ㊦50
共産主義 ㊤48, 123, 124, ㊦4, 6, 8, 10, 16, 18〜21, 24〜26, 55, 56, 78, 79, 82, 109, 112, 131, 144, 165, 175, 189
共産主義者 ㊤159, ㊦19〜23, 26, 83
共和党 ㊤35, 39, 40, 70, 72, 90, 97, 113, 128, 151, 166, 167, 171, 180, 181, ㊦12〜15, 19〜23, 54, 62, 80, 96, 105, 116, 117, 128, 131, 132, 138, 139, 143, 150, 176, 177, 185, 187, 188, 190, 191, 193
居住区 ㊤82, 101, 110, ㊦33, 168
ギリシャ ㊦8
キリスト教徒連合 ㊦176
ギルマン，シャーロット・パーキンズ Gilman, Charlotte Perkins ㊤42, 43, 85, 99
義和団 ㊤69, 70
キング，マーティン・ルーサー King, Martin Luther, Jr. ㊦47, 48, 59, 67, 69, 71, 77, 89, 102〜104
キング，ロドニー King, Rodney ㊦159, 171, 178
ギングリッチ，ニュート Gingrich, Newt ㊦187, 188
禁酒法 ㊤120, 154
緊張緩和 ㊦27, 53, 58, 111, 112

［く］
クウェート ㊦145, 146
九月一一日 ㊤iii, ㊦159, 199, 200, 204
クー・クラックス・クラン（KKK） ㊤48, 124, ㊦66, 70
クリストル，アーヴィング Kristol, Irving ㊦133
クーリッジ，カルヴィン Coolidge, John Calvin ㊤113, 129, 130
グリーンズボロ ㊦65
クリントン，ヒラリー Clinton, Hillary Rodham ㊦186, 193
クリントン，ビル Clinton, Bill ㊦36, 62, 84, 119, 130, 142, 180, 183〜193
クレイトン反トラスト法 ㊤92
グレーザー，ネイサン Glazer, Nathan ㊦133
グレナダ ㊦140
グローバル化 ㊤iii, 8, 21, ㊦145, 182, 199, 208, 213
クローリー，ハーバート Croly, Herbert ㊤91
軍産複合体 ㊦30, 41
軍需景気 ㊤134, 185〜187, 192, ㊦19

［け］
ゲイ ㊦96, 97, 186
経済恐慌→恐慌
ゲイツ，ビル Gates, Bill ㊤14, 24, ㊦160, 161
ケインズ Keynes, John Maynard ㊤158
結婚防御法 ㊦181
月面到着 ㊦41, 54
ケナン，ジョージ Kennan, George Frost ㊦9
ケネディ，ジョン・F Kennedy,

［う］
ウィルキー，ウェンデル　Willkie, Wendell Lewis　㊤180
ウィルソン，ウッドロウ　Wilson, Thomas Woodrow　㊤90～93, 95～97, 101, 102, 123, 151, ㊦125
ウェイコウ　㊦178
ヴェルサイユ条約　㊤97
ウェルズ＝バーネット，アイダ　Wells-Barnett, Ida Bell　㊤46
ウォーターゲート事件　㊦116, 118～120, 142
ヴォードヴィル　㊤31
ウォーレス，ジョージ　Wallace, George Corley　㊦67, 105
ウォーレス，ヘンリー　Wallace, Henry Agard　㊦12
ウォーレン，アール　Warren, Earl　㊦45, 59
宇宙開発　㊦41, 51, 54
ウッドストック　㊦86
ウッドハル，ヴィクトリア　Woodhull, Victoria　㊤42, 43
ウーンデッド・ニー　㊦87

［え］
映画　㊤6, 31, 32, 104～106, 114
エイズ　㊦168
エジプト　㊦26, 120, 126, 146
エディソン，トマス　Edison, Thomas Alva　㊤24, 25, 32
エンゲルブレクト，H・C　Engelbrecht, H.C.　㊤178

［お］
黄金時代　㊦28～31, 50, 51
大きな政府　㊦64, 112, 131
沖縄　㊤200, ㊦15
オクラホマシティ　㊦178
オコナー，サンドラ　O'Connor, Sandra Day　㊦95, 139
オズワルド，リー・ハーヴェイ　Oswald, Lee Harvey　㊦59

［か］
ガーヴェイ，マーカス　Garvey, Marcus　㊤119, 120
カウンターカルチャー　㊦50, 84～86, 93
革新主義　㊤iv, 4, 5, 8, 10, 11, 64, 68, 73～75, 77～79, 85～87, 89, 90, 92, 98～101, 134, 152, 157, ㊦129～131
学生非暴力調整委員会（ＳＮＣＣ）　㊦65, 66, 70, 76, 103
核兵器　㊦7, 10, 17, 25, 27, 55, 57, 108, 139, 182
ガーシュイン，ジョージ　Gershwin, George　㊤119
カストロ，フィデル　Castro, Fidel　㊦27, 56, 57, 88
ガスリー，ウディ　Guthrie, Woody　㊤135, 137
家族　㊤42, 140～142, ㊦34, 35, 94, 98, 132, 133, 163, 174, 175, 179, 183, 197
家族医療休暇法　㊦185
カーソン，レイチェル　Carson, Rachel Louise　㊦181
カーター，ジミー　Carter, Jimmy　㊦95, 115, 122～129, 131, 175, 184
カーナー委員会　㊦75
カーネギー，アンドルー　Carnegie, Andrew　㊤22, 24, 58, 66, 69
カポネ，アル　Capone, Alphonso　㊤122
カリフォルニア　㊤50, 51, 137, 139, 185
カリブ海　㊤54, 93～96
ガルブレイス，ジョン・K　Galbraith, John Kenneth　㊤186
カレン，ホレース　Kallen, Horace　㊤100
環境保護　㊦56, 131, 178, 181, 182, 213
環境保護庁（ＥＰＡ）　㊦113, 181

索　引

［あ］
愛国心 ㊤188,189,㊦205,207,208,210,212,214
アイゼンハワー，ドゥワイト Eisenhower, Dwight David ㊤201,㊦23,25,26,28〜30,41,46,48,50,56,78
赤狩り ㊤123,㊦19,21,23
アギナルド，エミリオ Aguinaldo, Emilio ㊤59
アグニュー，スピロ Agnew, Spiro ㊦117
アジア系 ㊤9,50,㊦90,92,151,153〜155,158,159
アースデイ(地球の日) ㊦181
アダムズ，ジェーン Addams, Jane ㊤17,18,85
アダムズ，ヘンリー Adams, Henry Brooks ㊤4
新しい黒人 ㊤119
新しい女性 ㊤45,114,115
新しい民主党 ㊦184,185,188,195
アチソン，ディーン Acheson, Dean Gooderham ㊦15,20,23
アファーマティヴ・アクション ㊦74,95,159,169,170,187,196
アメリカ・インディアン運動(ＡＩＭ) ㊦87
アメリカ第一委員会 ㊤180
アメリカ的生活様式 ㊤4,6,7,76,82,101,174,175,203,㊦2,34,78,109,212
アメリカの世紀 ㊤ⅰ〜ⅳ,1〜3,8〜10,78,174,176,203,㊦2,4,15,108,145,147,199
アメリカ労働総同盟(ＡＦＬ) ㊤112,113,163,㊦42
アメリカを守る委員会 ㊤181
アラブ ㊦25,26,114,121,126,146,206
アラブ人 ㊦159,205,206,210
アルジャー，ホレーショー Alger, Horatio ㊤24
アンダークラス ㊦165,169
アンダーソン，マリアン Anderson, Marian ㊤170,171

［い］
イエロー・ジャーナリズム ㊤33,55,56
イギリス ㊤22,23,47,93,95,129,175,179〜182,198,㊦8,26,127,146
イスラエル ㊦25,26,114,120,126,189,206
偉大な社会 ㊦60〜63,70,79,82,110,113,116,183
イタリア ㊤176,178,179,182,195,㊦127
イッキーズ，ハロルド Ickes, Harold LeClair ㊤156
移民 ㊤iv,4,7,9,10,15〜18,27,30〜32,39,46〜51,60,66,68,80,81,84,85,99,100,109,112,120,121,123〜125,130,139,195,㊦35,63,132,150,153〜155,158〜160,173
移民法 ㊤125,㊦63
イラク ㊦145,146,191,204,206
イラン ㊦26,124,125,127,128,141
イラン＝コントラ・スキャンダル ㊦141,142
インディアン(先住民) ㊤7,9,51,71,171,194,195,㊦86〜88,104,151,153,182
インナーシティ ㊤111,㊦43,44,73,89,166,168,169,171
インフレ ㊤104,188,㊦13,29,109,113〜115,120,124,137

有賀夏紀（あるが・なつき）

1944年（昭和19年），東京都に生まれる．お茶の水女子大学文教育学部卒業．東京大学大学院社会学研究科国際関係論博士課程単位修了．スタンフォード大学大学院修了（Ph.D.）．埼玉大学名誉教授．専攻，アメリカ史，アメリカ研究．『アメリカ・フェミニズムの社会史』で山川菊栄賞および日米友好基金賞を受賞．

著書『アメリカ・フェミニズムの社会史』（勁草書房）
　『世界の食文化12　アメリカ』（共著，農文協）
　『アメリカ史研究入門』（共編著，山川出版社）
　『アメリカ・ジェンダー史研究入門』（共編著，青木書店）
　ほか

アメリカの20世紀《せいき》（上）
中公新書 *1664*

2002年10月25日初版
2016年5月30日5版

著　者　有賀夏紀
発行者　大橋善光

本文印刷　三晃印刷
カバー印刷　大熊整美堂
製　本　小泉製本

発行所　中央公論新社
〒100-8152
東京都千代田区大手町1-7-1
電話　販売 03-5299-1730
　　　編集 03-5299-1830
URL http://www.chuko.co.jp/

Published by CHUOKORON-SHINSHA, INC.
Printed in Japan　ISBN4-12-101664-5 C1222